Impressum
Verlag: BABADADA GmbH, Nedderfeld 112 , 22529 Hamburg
Geschäftsführer / Verlagsleitung: Harald Hof
Druck: Books on Demand GmbH, In de Tarpen 42, 22848 Norderstedt

Imprint
Publisher: BABADADA GmbH, Nedderfeld 112 , 22529 Hamburg, Germany
Managing Director / Publishing direction: Harald Hof
Print: Books on Demand GmbH, In de Tarpen 42, 22848 Norderstedt

AF219165

ቤት-ትምህርቲ

escola

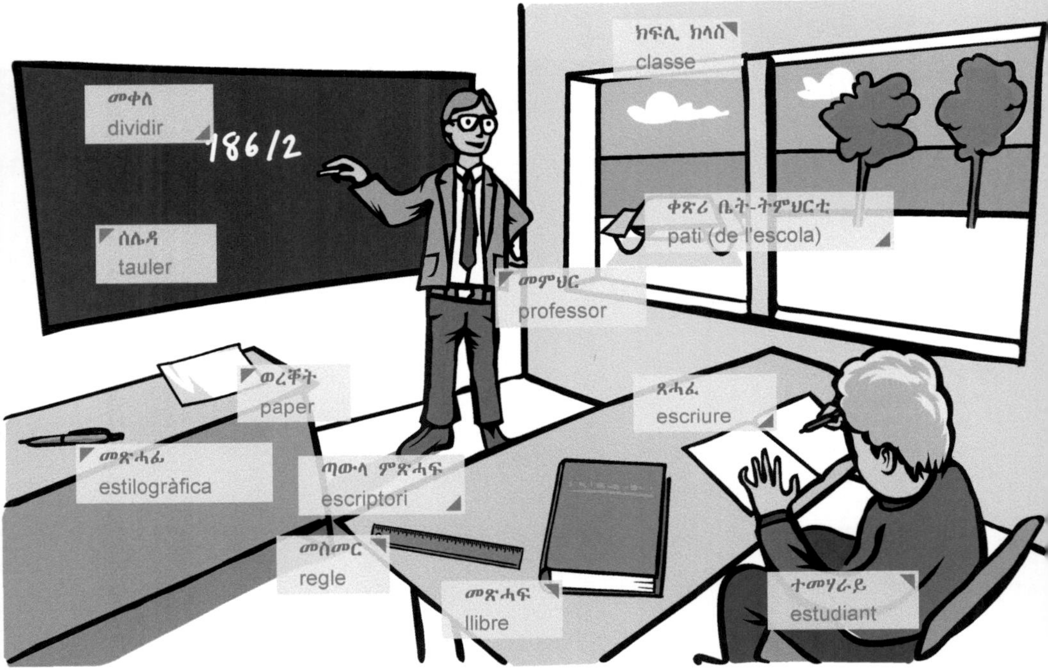
ክፍሊ ክላስ
classe
መቀለ
dividir
186/2
ቀጽሪ ቤት-ትምህርቲ
pati (de l'escola)
ሰሌዳ
tauler
መምህር
professor
ወረቐት
paper
ጸሓፈ
escriure
መጽሓፊ
estilogràfica
ጣውላ ምጽሓፍ
escriptori
መስመር
regle
መጽሓፍ
llibre
ተመሃራይ
estudiant

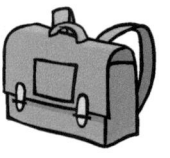

ሳንጣ ትምህርቲ

bossa

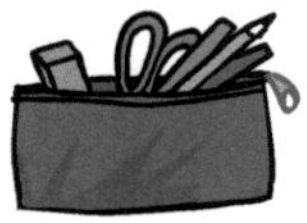

ሰፈር ብርዒ

estoig

ርሳስ

llapis

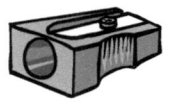

መብልሒ ርሳስ

maquineta de fer punta

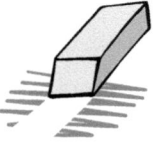

መደምሰሲ

goma

ጥራዝ ስእሊ

bloc de dibuix

ስእሊ

dibuix

ብርዒ ቀለም

pinzell

ቦክስ ቀለም

capsa de pintures

መቐስ

tisores

መጣበቒ

cola

ጥራዝ መላመዲ

quadern d'exercicis

ዕዮ ገዛ

deures

ቁጽሪ

nombre

መሰኸ

afegir

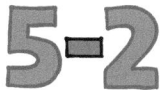

ጎደለ

sostreure

ረብሓ

multiplicar

ደመረ

calcular

ፊደል

lletra

ስርዓት ፊደላት

alfabet

ቃል

mot

ጽሑፍ

text

አንበበ

llegir

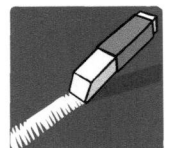

ኩርሽ

guix

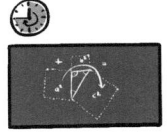

ሰዓት

lliçó

መዝገብ ክላስ

llibre de classe

መርመራ

examen

ሰርቲፊከት

certificat

ድቢዛ ቤትትምህርቲ

uniforme escolar

ትምህርቲ

formació

ለክሲኮን

enciclopèdia

ዩኒቨርሲቲ

universitat

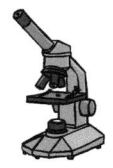

ሚክሮስኮፕ

microscopi

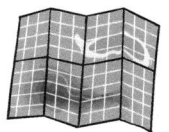

ካርታ

mapa

ጎሓፍ ወረቐት

paperera

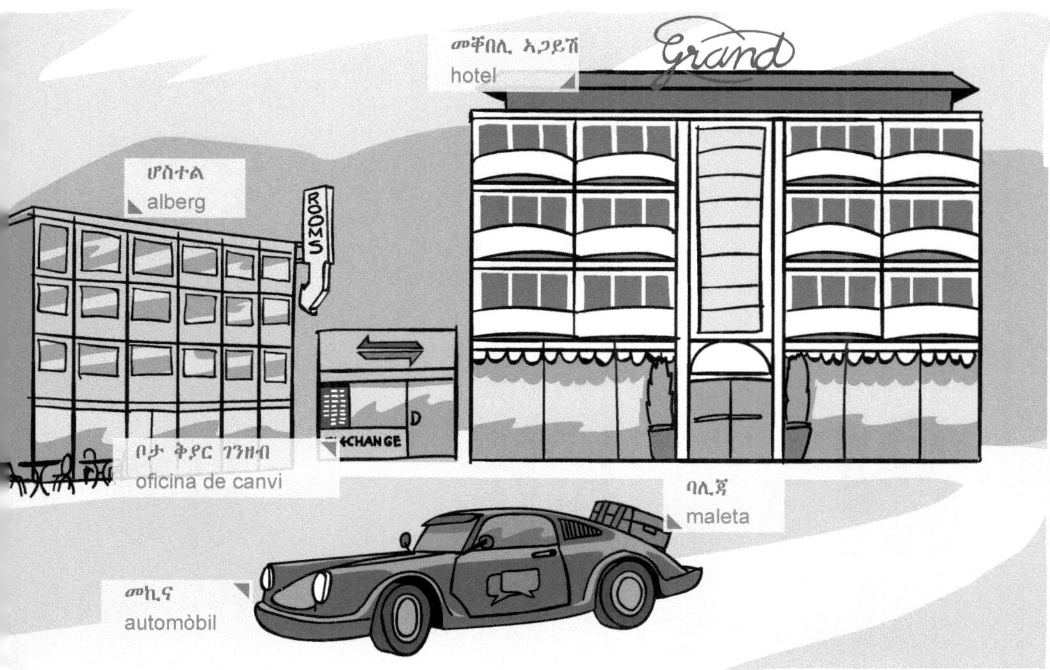

መቐበሊ ኣጋይሽ
hotel
Grand
ሆስተል
alberg
ROOMS
CHANGE
ቦታ ቅያር ገንዘብ
oficina de canvi
ባሊጃ
maleta
መኪና
automòbil

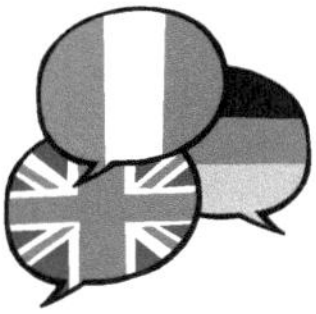

ቋንቋ

llengua

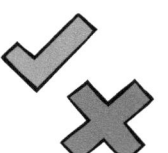

እወ / ኖ

sí / no

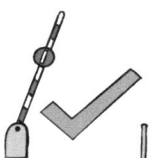

ሕራይ

D'acord

ሰላም

Ey!

ኣስተርጓሚ

traductora

የቐንየለይ

gràcies

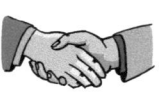

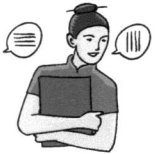

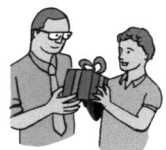

. . . ክንደይ ዋግኡ?

Quant costa... ?

አይተረድኣኹን

No entenc

ሽግር

problema

ሰላም ምሸት!

Bona nit!

ከመይ ሓዲርካ

bon dia!

ሰላም ለይቲ

bona nit!

ደሓን ኹን

fins aviat

አንፈት

direcció

ጉዕዝ

bagatge

ሳንጣ

bossa

ሳንጣ ሕቖ

sarrona

ጋሻ

convidat

ክፍሊ

cambra

ክሻ መደቀሲ

sac de dormir

ቴንዳ

tenda

ሓበሬታ በጸሕቲ ሃገር
....
oficina de turisme

ገምገም ባሕሪ
....
platja

ክሬዲት ካርድ
....
carta de crèdit

ቁርሲ
....
esmorzar

ምሳሕ
....
dinar

ድራር
....
sopar

ቲከት
....
bitllet

ሊፍት
....
ascensor

ማሕተም ደብዳበ
....
segell

ዶብ
....
frontera

ድንና
....
duana

ኣምበሲ
....
ambaixada

ቪዛ
....
visat

ፓስፖርት
....
passaport

መጓዓዝያ
transport

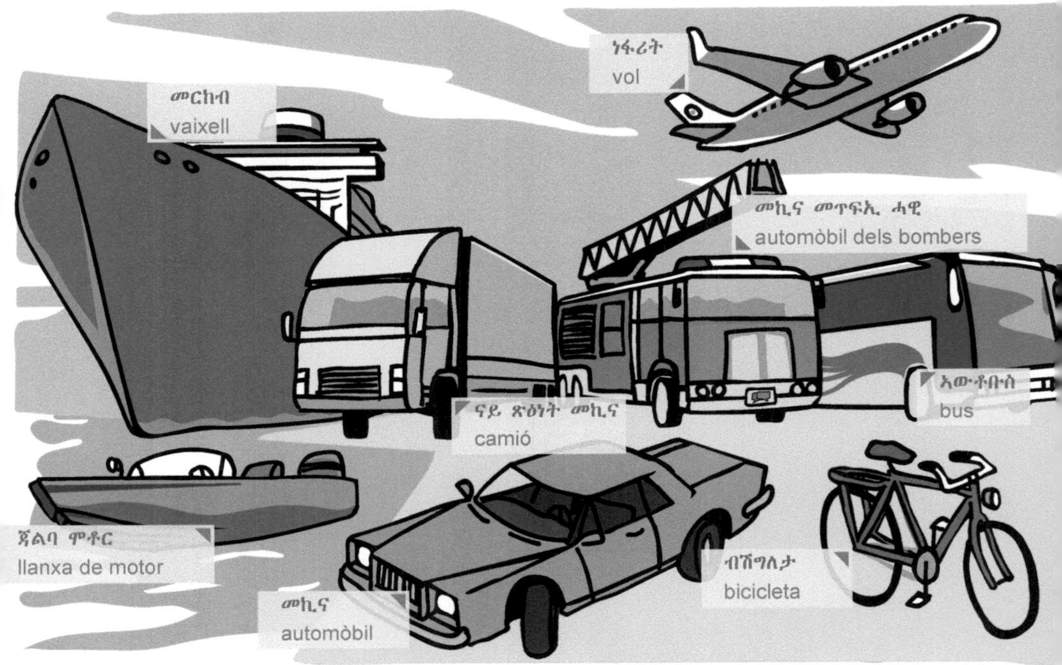

ነፋሪት
vol
መርከብ
vaixell
መኪና መጥፍኢ ሓዊ
automòbil dels bombers
ኣውቶቡስ
bus
ናይ ጽዕነት መኪና
camió
ጃልባ ሞቶር
llanxa de motor
ብሽግለታ
bicicleta
መኪና
automòbil

ፈሪ

transbordador

ጃልባ

barca

ሞቶ

moto

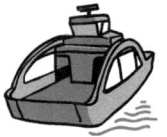

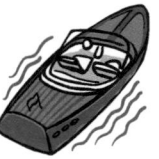

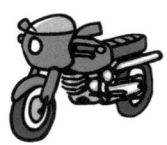

መኪና ፖሊስ

automòbil de policia

መኪና ቅድድም

automòbil de curses

ክራይ መኪና

automòbil de lloguer

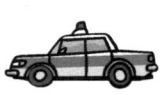

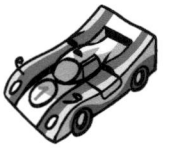

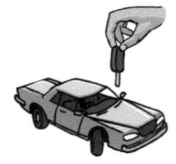

ምውፋይ መካይን

vehicle compartit

መወስዲ መኪና

grua

መኪና ጎሓፍ

camió de les escombraries

ሞቶር

motor

ነዳዲ

benzina

እንዳ ነዳዲ

benzineria

ምልክት ትራፊክ

senyal de trànsit

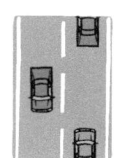

ትራፊክ

trànsit

ምጭቕጫቕ ትራፊክ

embús

መዐሸጊ መኪና

aparcament

መዕረፊ ባቡር

estació de trens

ሓዲግ

vies

ባቡር

tren

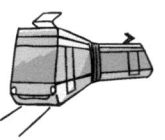

ትረም

tramvia

ባጎኒ

vagó

ሄሊኮፕተር

helicòpter

መዓረፍ ነፋርቲ

aeroport

ታወር

torre

ተጓዓዚ

passatger

ኮንተይነር

contenidor

ሳንዱቅ ካርቶን

capsa de cartó

ኮርሳ ጽዕነት

carretó

ዘንቢል

cistella

ተበገሰ / ዓለበ

enlairar-se / aterrar

ከተማ

ciutat

ቀሳሸት

poble

ማእከል ከተማ

centre de la ciutat

ገዛ

casa

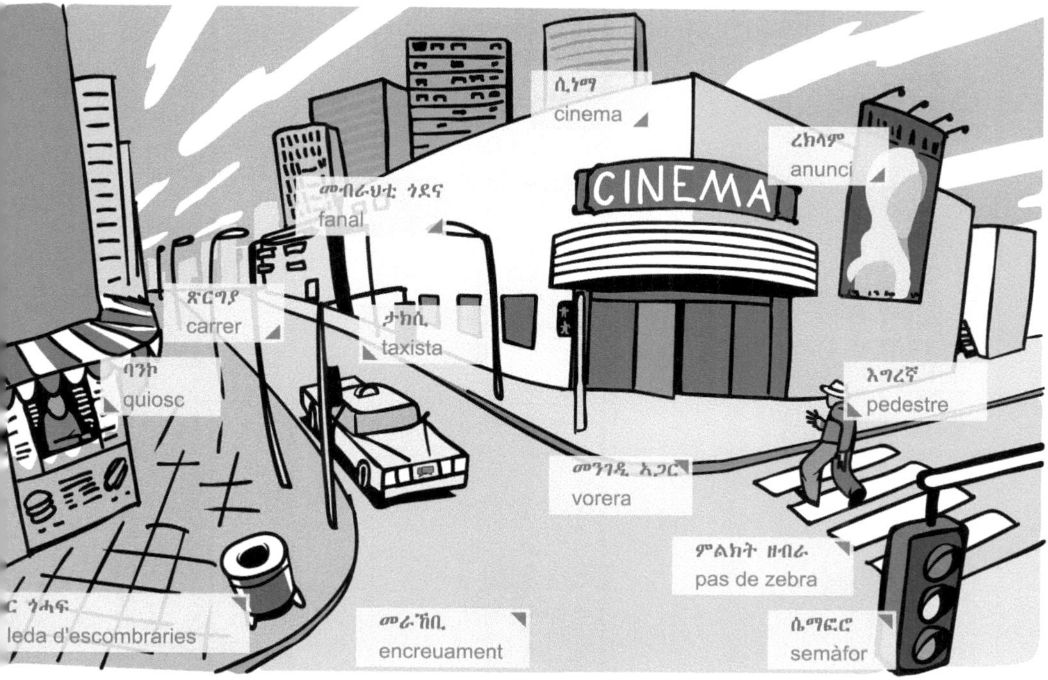

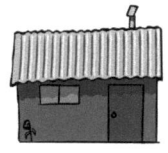

ሲነማ
cinema
CINEMA
ረክላም
anunci
መብራህቲ ጎደና
fanal
ጽርግያ
carrer
ታክሲ
taxista
ባንኮ
quiosc
እግረኛ
pedestre
መንገዲ እጋር
vorera
ምልክት ዘብራ
pas de zebra
ር ጎሓፍ
leda d'escombraries
መራኽቢ
encreuament
ሴማፎሮ
semàfor

አጕዶ

cabana

ኣፓርትመንት

apartament

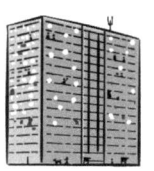

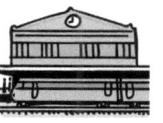

መዕረፊ ባቡር

estació de trens

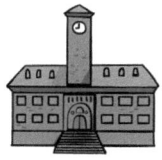

ቤት ምምሕዳር

casa de la vila-ciutat

MUSEUM

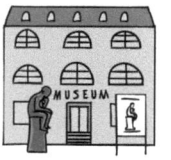

ቤተ መዘክር

museu

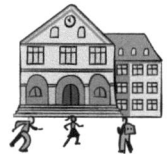

ቤት-ትምህርቲ

escola

ዩኒቨርሲቲ
....
universitat

ባንክ
....
banca

ሆስፒታል
....
hospital

መቐበሊ ኣጋይሽ
....
hotel

ቤት መድሃኒት
....
farmàcia

ቤት ጽሕፈት
....
oficina

ዱኻን መጽሓፍቲ
....
llibreria

ዱኻን
....
botiga

ዱኻን ዕንባባ
....
floristeria

ሱፐርማርከት
....
supermercat

ዕዳጋ
....
mercat

ሹቕ
....
gran magatzem

ነጋዳይ ዓሳ
....
peixateria

ሹቕ
....
centre comercial

መርሳ
....
port

መዘናግዒ
....
parc

ባንኪ
....
banc

ድልድል
....
pont

መደያይቦ
....
escala

ባቡር ትሕቲ ምድሪ
....
metro

ቢንቶ
....
túnel

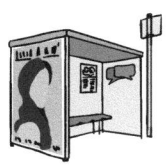

መዕረፊ ኣውቶቡስ
....
parada d'autobús

ቤት መስተ
....
bar

ቤት-መግቢ
....
restaurant

ስታሪት
....
bústia de correu

ታቤላ
....
senyal indicador

ስዓት ፓርኪንግ
....
parquímetre

መካነ እንስሳታት
....
zoo

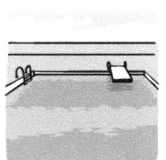

መሓምበሲ
....
piscina

መስጊድ
....
mesquita

ቤት ሕርሻ

granja

ብከላ

pol·lució

መቃበር

cementiri

ቤተክርስትያን

església

ቦታ ምጽዋት

parc infantil

ቤት መቕደስ

temple

ስእሊ መሬት

paisatge

አቖናጽል ቒ
fulla

መሕበሪ መገዲ
cartell indicador

መገዲ
camí

ሸኻ
prat

እምኒ
pedra

ኮብላሊ
excursionista

አግራብ
arbre

ፈለግ
riu

ሰዓሪ
gespa

ዕንባባ
flor

ስንጭሮ

vall

ጎቦ

muntanya

ቀላይ

llac

ዱር

bosc

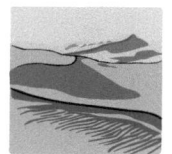

ምድረ በዳ

desert

እሳተ-ጎመራ

volcà

ግምቢ

castell

ቀስተ-ደመና

arc de Sant Martí

ቃንጥሻ

bolet

ዓርኮብኮባይ

palmera

ጣንጡ

moscard

ሃመማ

mosca

ጻጻ

formiga

ንህቢ

abella

ሳሬት

aranya

ሕንዚዝ

escarabat

ዕንቅርያብ

granota

ምጽጹላይ

esquirol

ቅንፍዝ

eriçó

ማንቲለ

llebre

ጉንን

òliba

ጮሩ

ocell

ስዋን

cigne

መፍለስ

senglar

ዓጋዘን

cervo

ሙስ

ant

ግድብ

presa

ተርባይን ንፋስ

turbina

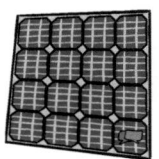

ሶላር ስርሓት

panell solar

ኩነታት ኣየር

clima

ቤት-መግቢ
restaurant

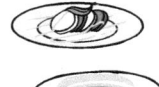

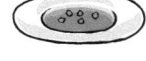

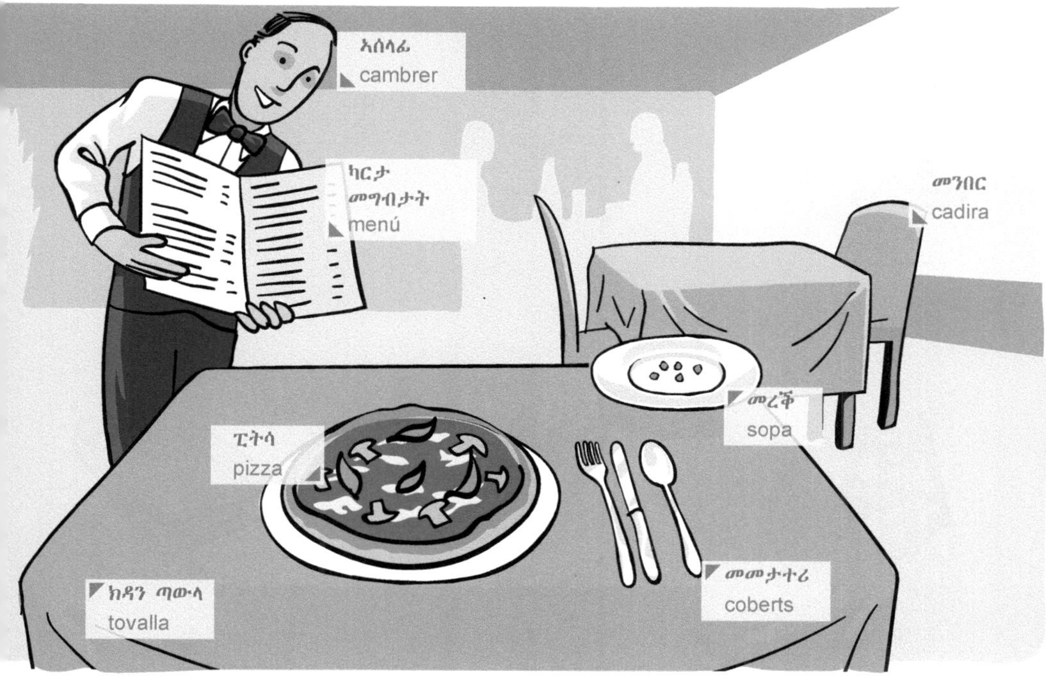

አሰላፊ
cambrer
ካርታ መግብታት
menú
መንበር
cadira
መረቕ
sopa
ፒትሳ
pizza
ክዳን ጣውላ
tovalla
መመታተሪ
coberts

ቅድመ ቀንዲ መግቢ
....
primer plat

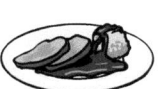

ቀንዲ መኣዲ
....
plat principal

ድሕረ መግቢ
....
darreries

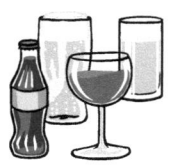

መስተ
....
begudes

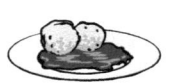

መግቢ
....
menjar

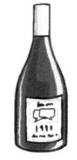

ጥርሙዝ
....
ampolla

ስሉጥ መግቢ

menjar ràpid

መግቢ ጽርግያ

menjar de carrer

ብርጭቆ ሻሂ

tetera

ታኒካ ሽኮር

sucrer

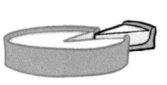

ክፋል

porció

ማሺን ኤስፕረሶ

màquina d'espresso

ነዊሕ መንበር

trona

ጸብጻብ

factura

ታብለት

plata

ካራ

ganivet

ፋርከታ

forqueta

ማንካ

cullera

ማንካ ሻሂ

cullereta

ሰርቭየተ

tovalló

ብኬሪ

got

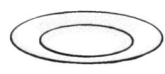

ሸሓኒ
....
plat

ሸሓኒ መረቕ
....
plat de sopa

ትሕቲ ኩባያ
....
plateret

ጸብሒ
....
salsa

ወሃቢ ጨው
....
saler

መጥሓን በርበረ
....
molinet de pebre

አቾቶ
....
vinagre

ዘይቲ
....
oli

ቀመም
....
espècies

ከቾፕ
....
quètxup

አድሪ
....
mostassa

ማዮነዝ
....
maionesa

ሱፐርማርክት

supermercat

ወፈያ
oferta especial
FOR
ዓሚል
client
ፍርያታት ጸባ
productes lactis
ፍረታት
fruites
ሰረገላ ዱኳን
carret de la compra

BUTCHERS

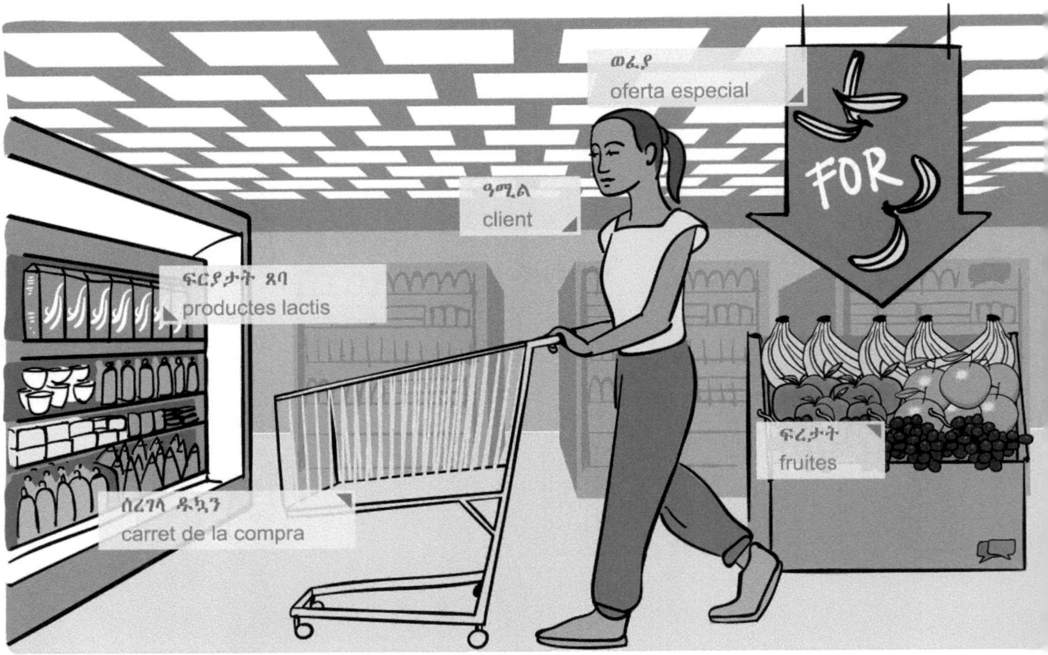

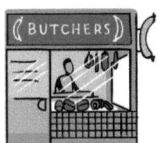

እንዳ ስጋ

carnisseria

BAKERY

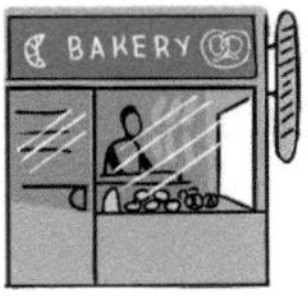

እንዳ ባኒ

forn de pa

ክብደት

pesar

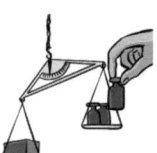

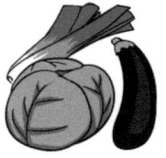

ኣሕምልቲ

verdures

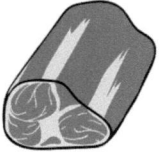

ስጋ

carn

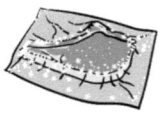

መግቢ ፍሪጅ በረድ

menjar congelat

ዝሑል ቅሩብ መግቢ
....
carn freda

እስቃጥላ
....
conserves

አሞ
....
detergent en pols

ምቁር መግቢ
....
dolços

ዘቤታውያን ኣቑሑ
....
articles domèstics

ናውቲ መጽረዪ
....
productes de neteja

ሸቃጣይ
....
venedora

ካሳ
....
caixa registradora

ተሓዝ ገንዘብ
....
caixera

ዝርዝር ምግዛእ
....
llista de la compra

ክፉት ሰዓታት
....
horari d'obertura

ማሕፉዳ
....
portamonedes

ክረዲት ካርድ
....
carta de crèdit

ሳንጣ
....
bossa

ፌስታል
....
bossa de plàstic

begudes

ማይ

aigua

ጽማቔ

suc

ጸባ

llet

ኮላ

coca-cola

ነቢት

vi

ቢራ

cervesa

አልኮል

alcohol

ካካው

cacau

ሻሂ

te

ቡን

cafè

ኤስፕረሶ

espresso

ካቡቺኖ

cappuccino

ባናና

banana

ቱፋሕ

poma

አራንሺ

taronja

ብርጭቆ

síndria

ለሚን

llimona

ካሮት

pastanaga

ጸዕዳ ሽጉርቲ

all

ባምቡስ

bambú

ሽጉርቲ

ceba

ቅንጥሻ

bolet

ፉል

avellanes

ፓስታ

fideus

ስፓገቲ
....
espaguetis

ሩዝ
....
arròs

ሰላጣ
....
amanida

ቅልዋ ድንሽ
....
patates fregides

ቅሉው ድንሽ
....
patates fregides

ፒትሳ
....
pizza

ሃምቡርገር
....
hamburguesa

ፓኒኖ
....
entrepà

ቢስተካ
....
escalopa

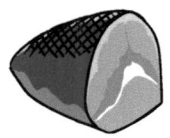

ሰለፍ ሓሰማ
....
cuixot

ሳላሚ
....
salami

ግዕዝም
....
salsitxa

ደርሆ
....
pollastre

ቀለወ
....
rostit

ዓሳ
....
peix

ገዓት

flocs de civada

ሙስሊ

musli

ኮርንፍለይክስ

cereals

ሓርጭ

farina

ክሮሶን

croissant

ባኒ

panet

ባኒ

pa

ቶስት

torrada

ብሽኮቲ

bescuits

ጠስሚ

mantega

ርጎ

mató

ፓስተ

pastís

እንቋቍሓ

ou

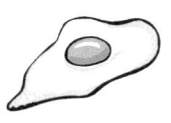

ቅሉው እንቋቍሓ

ou fregit

ፋርማጆ

formatge

አይስ ክሪም
gelat

ሽኮር
sucre

መዓር
mel

ጃም
melmelada

ኑጋት-ክሪም
crema de xocolata

ኩሪ
curri

ቤት ሕርሻ
granja

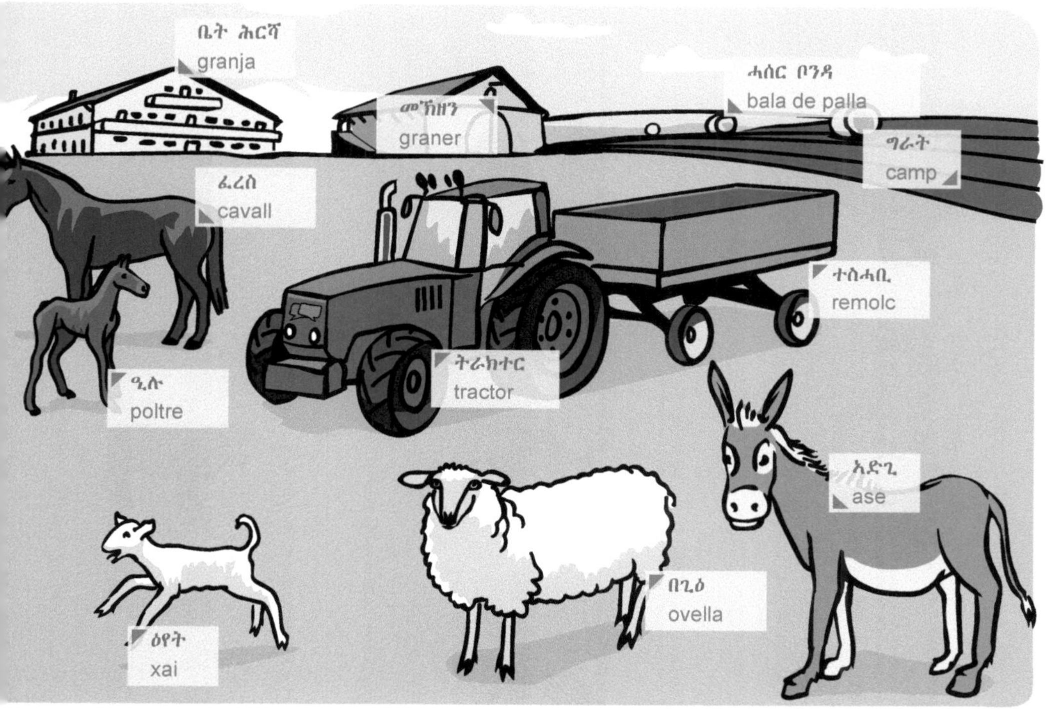
ቤት ሕርሻ
granja
መኽዘን
graner
ሓሰር ቦንዳ
bala de palla
ግራት
camp
ፈረስ
cavall
ተስሓቢ
remolc
ዒሉ
poltre
ትራክተር
tractor
ኣድጊ
ase
በጊዕ
ovella
ዕየት
xai

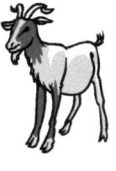

ጤል
cabra

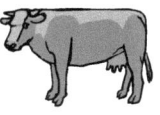

ብዕራይ
vaca

ምራኽ
vedella

ሓሰማ
porc

ውላድ ሓሰማ
garrí

ኣርሓ
bou

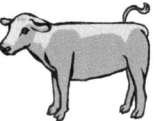

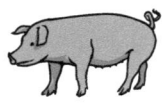

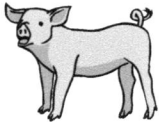

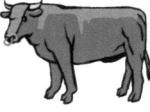

ዓዳ
....
oca

ማይ ደርሆ
....
ànec

ጫቹት
....
poll

ደርሆ
....
gall

አራሕ ደርሆ
....
gallina

አንጨዋ ዓባይ
....
rata

ድሙ
....
gat

አንጭዋ
....
ratolí

ብዕራይ
....
bou

ከልቢ
....
gos

አጎዶ ከልቢ
....
gossera

ቱባ ጀርዲን
....
mànega de regar

መዝፈፈ ማይ
....
regadora

ዓቢ ማዕጺድ
....
dalla

ማሕረሻ
....
arada

ቤት ሕርሻ - granja

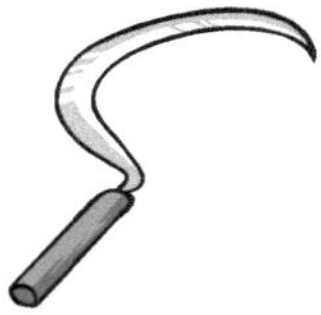

ማዕጺድ

falç

ጭኽሮ

aixada

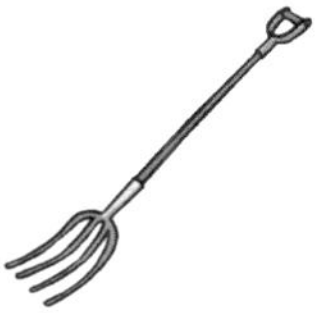

መስአ

forca

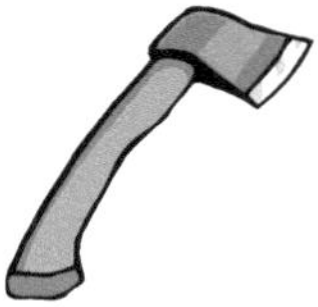

ፋስ

destral

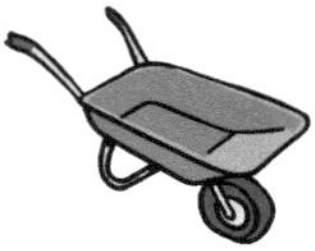

ዓረብያ ኢድ

carretó

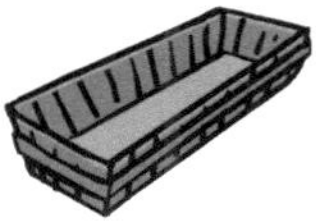

ጋብላ

abeurador

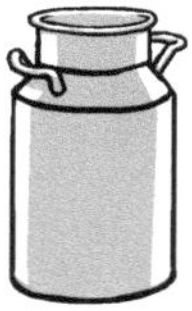

ብርጭቆ ጸባ

lletera

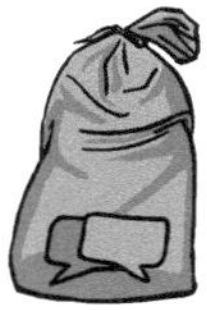

ክሻ

sac

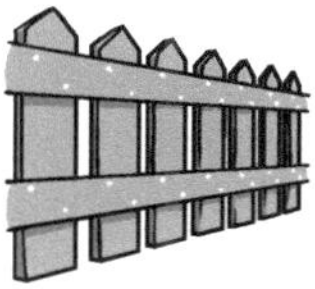

ሓጹር

tanca

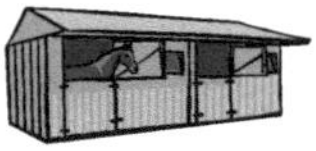

መንሰስ

establa

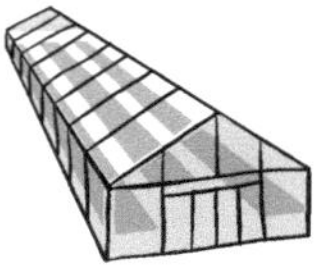

ቐጠልያ ገዛ

hivernacle

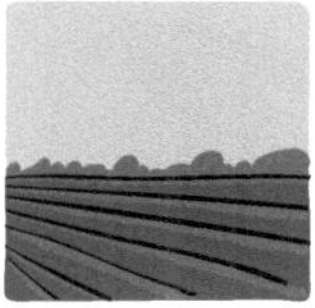

ባይታ

sòl

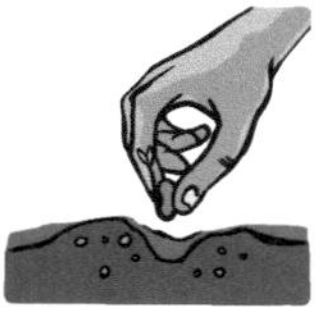

ዘርኢ

llavor

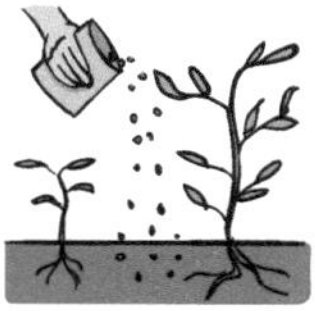

ድኹዒ

adob

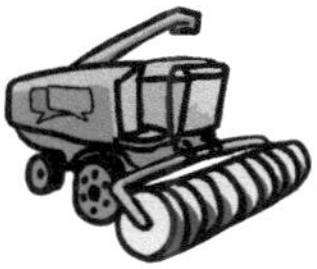

ዘጣምር ቀውዓይ

collidora

ቀው0

collir

ጸማ

collita

ድንሽ ያም

nyam

ስርናይ

blat

ሶያ

soja

ድንሽ

patata

ዕፉን

blat de moro o d'indi

ራፕስ

colza

ገረብ ፍረታት

arbre fruiter

ማኒኦክ

mandioca

አእኻል

cereals

casa

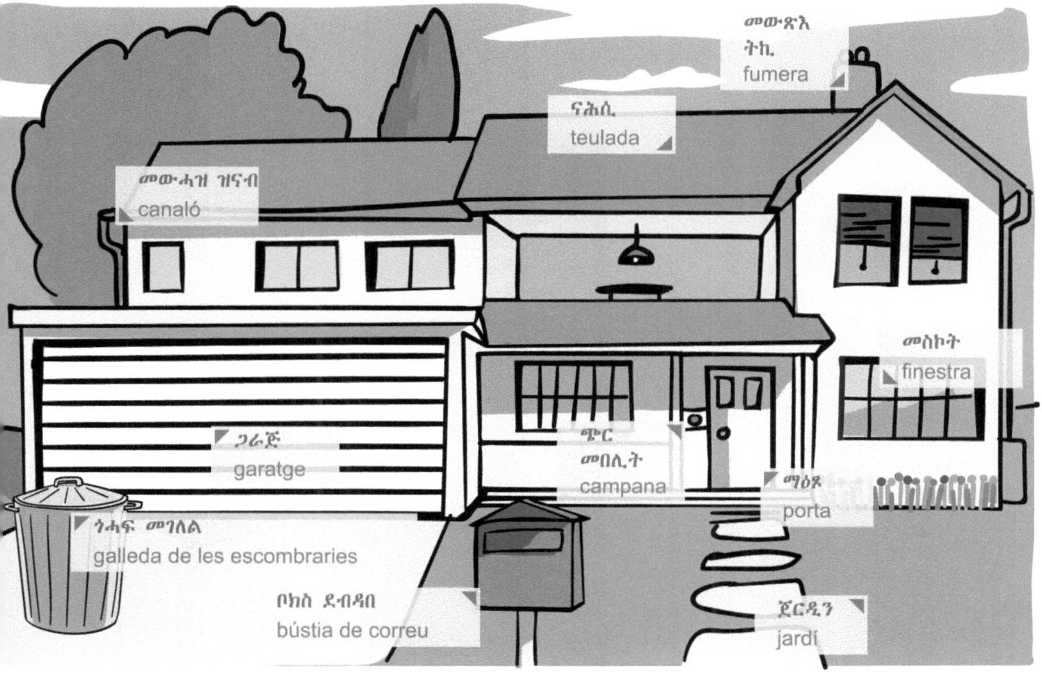

መውጽእ ትኪ
fumera

ናሕሲ
teulada

መውሓገ ዝናብ
canaló

መስኮት
finestra

ጋራጅ
garatge

ጥር መበሊት
campana

ማዕፆ
porta

ጐሓፍ መገለል
galleda de les escombraries

ቦክስ ደብዳበ
bústia de correu

ጀርዲን
jardí

ክፍሊ ምቾማጥ

sala d'estar

ክፍሊ ባንዮ

bany

ክሽነ

cuina

ክፍሊ መደቀሲ

cambra de dormir

ክፍሊ ቆልዑ

cambra de nen

መመገቢ ክፍሊ

menjador

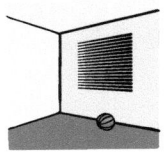

ባይታ
....
sòl

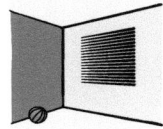

መንደቅ
....
paret

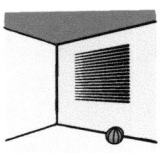

ከቦርታ
....
sostre

ካንቲና
....
soterrani

ሳውና
....
sauna

ባልኮን
....
balcó

ዛላ
....
terrassa

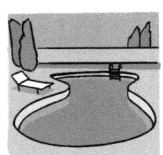

መሕምበሲ
....
piscina

መቐረጺ ሳዕሪ
....
tallagespa

አንሶላ ዓራት
....
vànova

ከቦርታ ዓራት
....
cobrellit

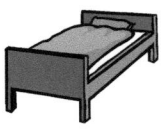

ዓራት
....
llit

መሸዀስተር
....
escombra

መገለል
....
galleda

መወልዒት
....
interruptor

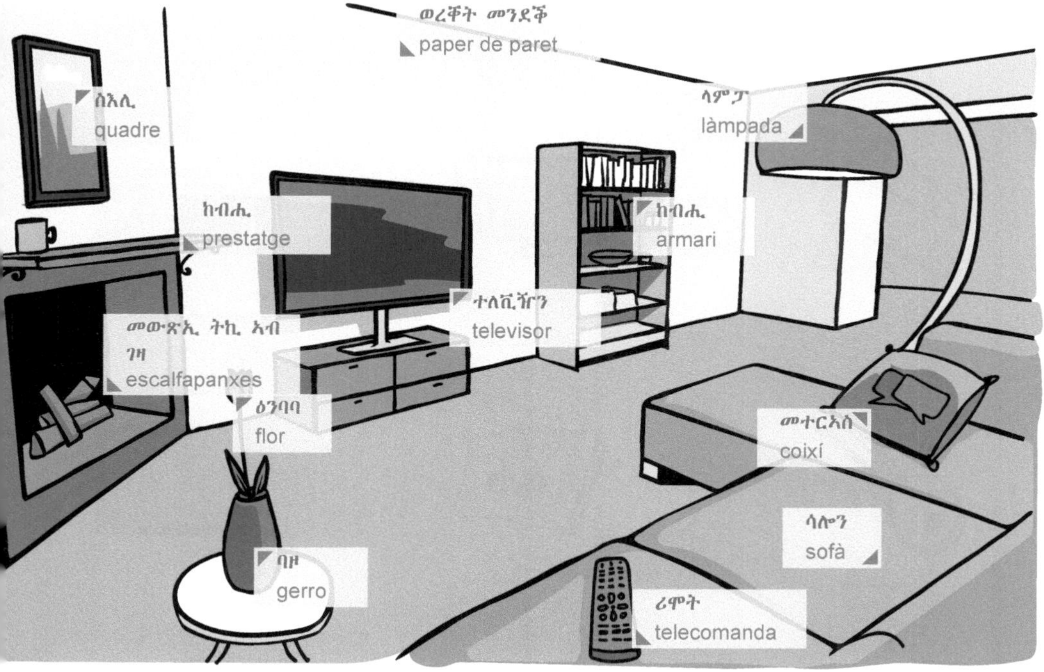
ወረቐት መንደቕ
paper de paret
ስእሊ
quadre
ላምፓ
làmpada
ከብሒ
prestatge
ከብሒ
armari
ተለቪዥን
televisor
መውጽኢ ትኪ ኣብ ገዛ
escalfapanxes
ዕንባባ
flor
መተርኣስ
coixí
ሳሎን
sofà
ባዞ
gerro
ሪሞት
telecomanda

መንጸፍ

catifa

መጋረጃ

cortina

ጣውላ

taula

መንበር

cadira

ሰለል ዝብል መንበር

cadira gronxadora

መንበር ምቹእ

cadiral

መጽሓፍ

llibre

ከቦርታ

llençol

ስልማት

decoració

እንጨይቲ ሓዊ

llenya

ፊልም

film

ስተረዮ

cadena de música

መፍትሕ

clau

ጋዜጣ

diari

ቅብአ

pintura

ፖስተር

cartell

ረድዮ

ràdio

ጥራዝ

bloc de notes

መልገሲ ደርና

aspiradora

በለስ

cactus

ሽምዓ

candela

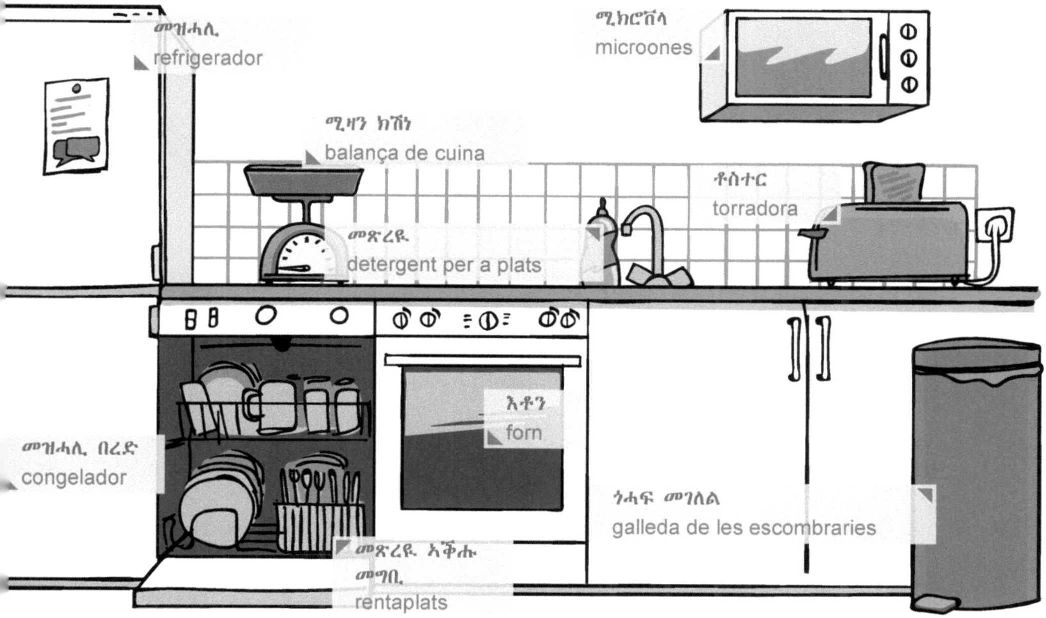

መዝሓሊ
refrigerador

ሚክሮቨሳ
microones

ሚዛን ክሽነ
balança de cuina

ቶስተር
torradora

መጽረዪ
detergent per a plats

እቶን
forn

መዝሓሊ በረድ
congelador

ጎሓፍ መገለል
galleda de les escombraries

መጽረዪ ኣቕሑ
መግቢ
rentaplats

መኽሸኒ
cuina de fogons

ድስቲ
olla

ድስቲ ሓጺን
olla de ferro colat

ቾክ/ካዳይ
wok / karahi

ባደላ
paella

መውዓዪ ማይ
bullidor

መፍልሒ

olla de vapor

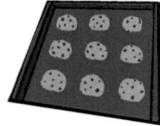

ጓንቴራ ምስንካት

plata de forn

ኣቑሑ መግቢ

vaixella

ብርጭቆ

tassa grossa

ጭሓሎ

bol

ማንካቺና

bastonets xinesos

ማንካ መረጭ

culler

መገልበጢ ባደላ

espàtula

መኹስተር ውርጪ

batedor

መንፊት መግቢ

colador

መንፊት

sedàs

መፋሕፍሒ

ratllador

ሞርታር

morter

ባርቢክዩ

barbacoa

ስፍራ ሓዊ

foc a terra

እንጨይቲ ምምታር

taula de tallar

እንጨይቲ ኩረር

corró

መኽፈት ቡሽ

llevataps

ታኒካ

pot de conserva

መኽፈቲ ታኒካ

obridor

ጨርቂ ድስቲ

agafador

ቡምባ

aigüera

አስባስላ

raspall

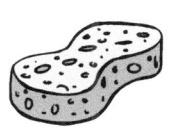

ሰፍነግ

esponja

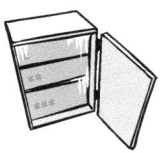

ሓዋሲ አደባላቒ

batedora

ጥርሙዝ ማማይ

biberó

መዝሓሊ በረድ

congelador

ቡምባ ማይ

aixeta

ክፍሊ ባንዮ

bany

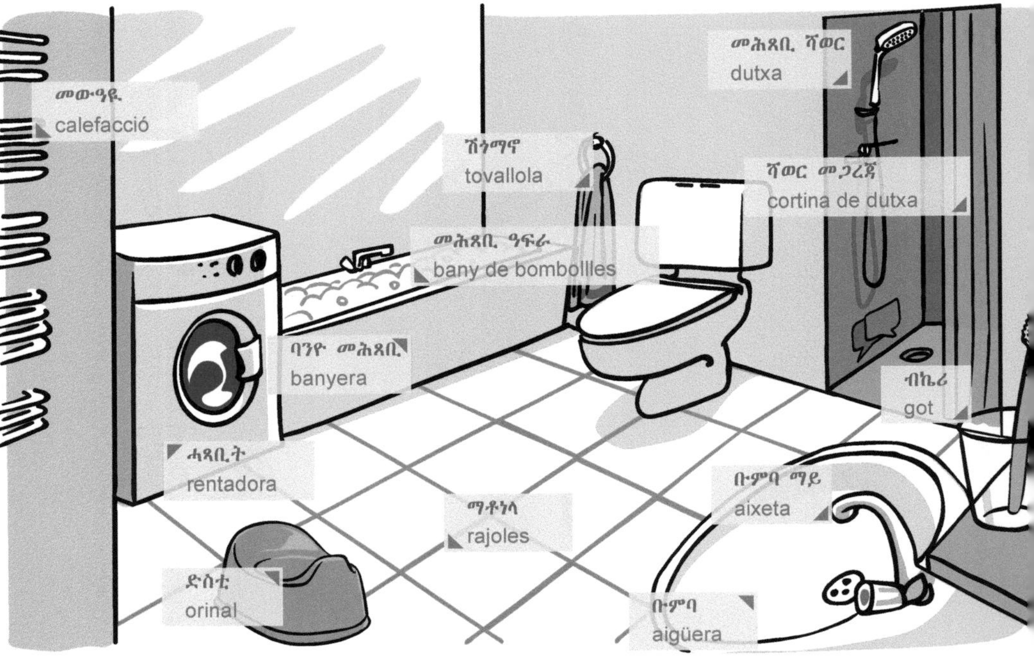

መውዓዪ
calefacció
ሽጎማኖ
tovallola
መሕጸቢ ሻወር
dutxa
ሻወር መጋረጃ
cortina de dutxa
መሕጸቢ ዓፍራ
bany de bombollles
ባንዮ መሕጸቢ
banyera
ብኬሪ
got
ሓጻቢት
rentadora
ቡምባ ማይ
aixeta
ማቶኔላ
rajoles
ድስቲ
orinal
ቡምባ
aigüera

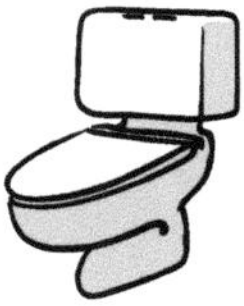

ሽቓቕ

lavabo

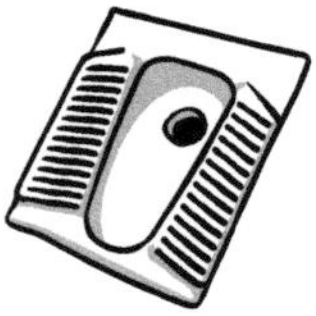

ሽቓቕ ኮፍ

lavabo turc

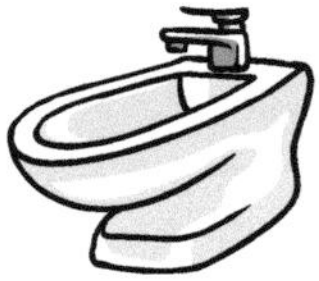

በዴ

bidet

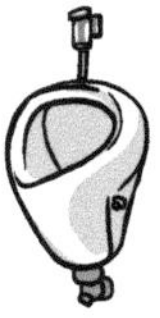

ሽቃቕ ተባዕታይ

orinador

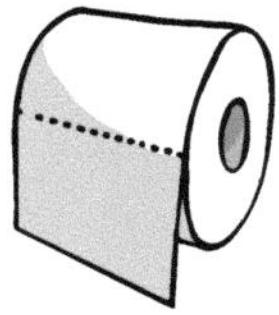

ወረቐት ሽቓቕ

paper higiènic

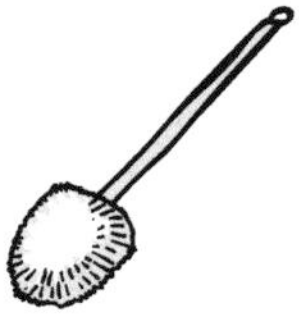

ኣስባስላ ሽቓቕ

escombreta de sanitari

አስባስላ ስኒ

raspall de dents

ክሬማ ስኒ

pasta de dents

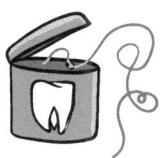

ሃሪ ስኒ

fil dental

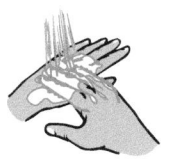

ሓጸበ

rentar

ዱሽ ኢ.ድ

pom de dutxa

ዱሽ

dutxa íntima

ብርጭቆ ምሕጸብ

rentamans

አስባስላ ሕቖ

raspall per a l'esquena

ሳምና

sabó

ሻወር ጀል

gel de dutxa

ሻምፑ

xampú

ጨርቂ መሕጸቢ

manyopla de bany

መውሓዚ

bonera

ክሬማ

crema

ደዖ ጨና

desodorant

መስትያት

mirall

ናይ ኢድ መስትያት

mirall-espill de mà

መላጸ

maquineta de rasar

ዓፍራ ምልጸይ

espuma de barbejar

ጨና ድሕሪ ምልጸይ

loció post-rasada

መመሸጥ

pinta

አስባስላ

raspall

መንቆጺ ጸግሪ

eixugador

ስፕረይ ጸግሪ

laca

መመላኸዊ

maquillatge

ብርዒ ቀለም ከንፈር

pintallavis

አዝማልቶ

esmalt d'ungles

ጸምሪ ጡጥ

cotó

መስደዲ ጽፍሪ

tallaungles

ጨና

perfum

ሳንጣ መሕጸቢ
....
estoig de bellesa

ድኳ
....
tamboret

ሚዛን
....
bàscula

ክዳን መሕጸቢ
....
barnús

ጓንቲ መጸረዪ
....
guants de goma

ታምፓን
....
compresa higiènica

ጨርቂ ሰበይቲ
....
compresa

ሽቓቕ ከሚስትሪ
....
sanitari químic

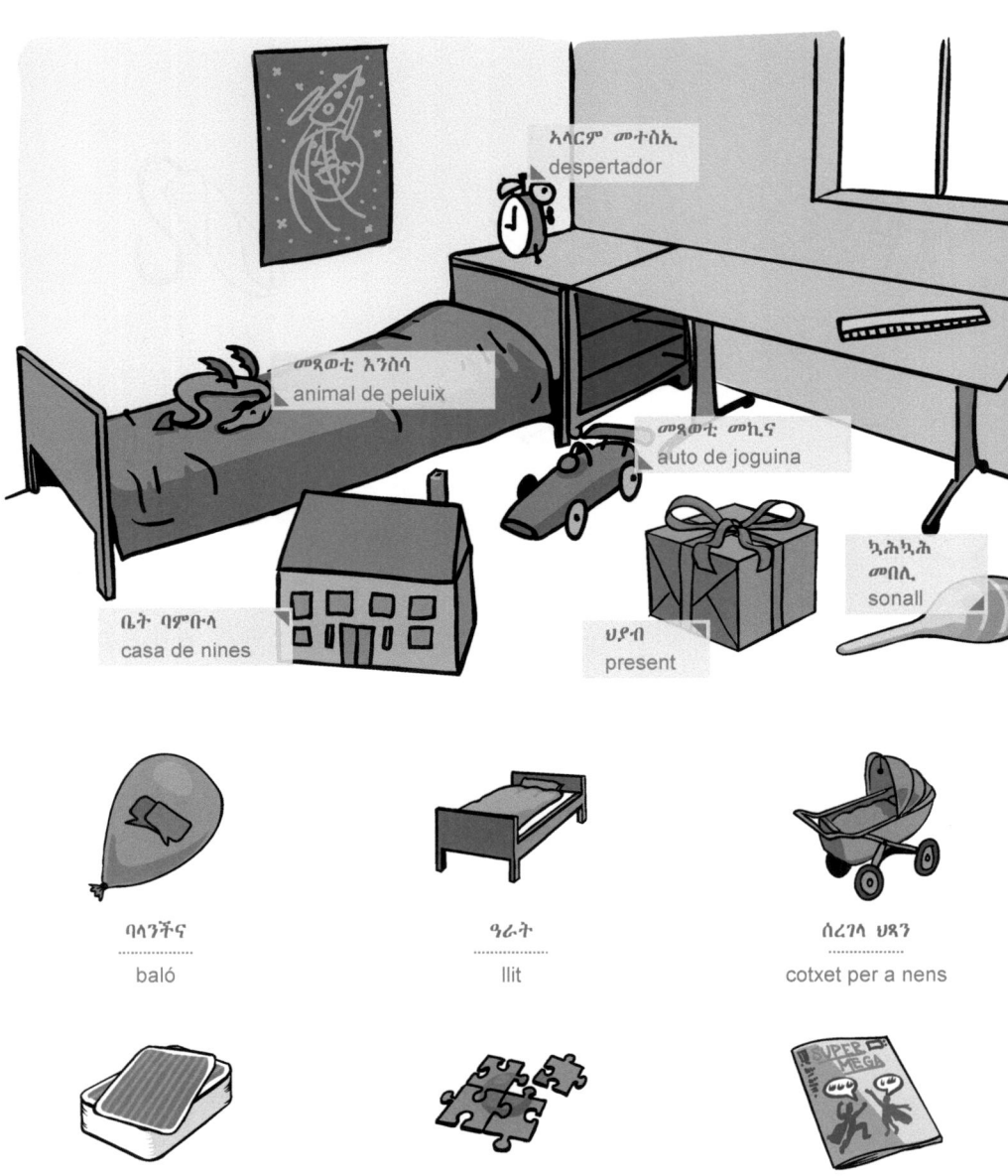

አላርም መተስኢ
despertador

መጻወቲ እንስሳ
animal de peluix

መጻወቲ መኪና
auto de joguina

ቤት ባምቡላ
casa de nines

ህያብ
present

ኻሕኻሕ መበሊ
sonall

ባላንችና
baló

ዓራት
llit

ሰረገላ ህጻን
cotxet per a nens

ጸወታ ካርታ
joc de cartes

ሕንቅሊ.ተይ
trencaclosca

ኮሜዲ
historieta

እምንታት መጸወቲ ለጎ

peces de lego

መጸወቲ እምንታት

peces de construcció

በዓል አክቸን

ninot d'acció

ክዳን ማማይ

granota

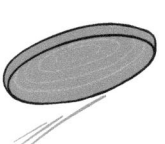

ፍሪስቢ

frisbee

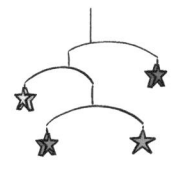

ሞባይል ማማይ

mòbil per a bressol

ጸወታ ሰሌዳ

joc de taula

ኩቦ

daus

ሞደል ባቡር ምድሪ

tren elèctric

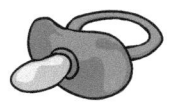

ዓባስ

xumet

ፓርቲ

festa

መጽሓፍ ስእሊ

llibre de dibuixos

ኩዕሶ

pilota

ባምቡላ

nina

ተጸወተ

jugar

መጻወቲ ሓጺ

sorrera

ሰላል

gronxador

መጻወቲታት

joguines

ኮንሶል ቪድዮ

consola de jocs de vídeo

መጻወቲ ሰለስተ መንኮርኮር

tricicle

ተዲ

osset de peluix

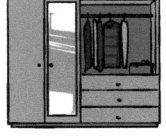

ከብሒ ክዳን

armari

ካልስታት

mitjons

ነዊሕ ካልስታት

mitges

ስረ ካልሲ

mitja pantaló

ሻርባ
tapacoll

ጽላል
paraigua

ማልያ
camiseta

ቀልፊ
cintura

ረፋዕ
botes

ጫማ ገዝ
plantofes

ስኒከርስ
sabates d'esport

ሻቦጥ
sandàlies

ጫማ
sabates

ረፋዕ ጎማ
botes de goma

ሙታንታ
calçonets

ክዳን ጡብ
sostenidor

ትሕተ ካሚቻ
guardapits

ክዳን - roba

ቦዲ

jjustacòs

ስረ

pantalons

ጂንስ

jeans

ቀሚሽ

faldeta

ካምቻ

brusa

ካሚቻ

camisa

ጉልፎ

jersei

ጎልፎ

dessuadora

ጃኬት

blazer

ጃከት

jaqueta

ጁባ

mantell

ከዳን ዝናብ

impermeable

ኮስቱም

vestit de dona

ቀምሽ

vestit de dona

ቀምሽ መርዓ

vestit de núvia

ልብሲ.
....
vestit d'home

ካሚቻ ለይቲ
....
camisa de dormir

ክዳን ለይቲ
....
pijama

ሳሪ
....
sari

መሃረብ ርእሲ.
....
mocador de cap

ቱርባን
....
turbant

ቡርካ
....
burca

ካፍታን
....
caftan

አባያ
....
abaia

ክዳን መሕምበሲ.
....
vestit de bany

ስረ መሕምበሲ.
....
calçon(et)s de bany

ሓጺር ስረ
....
pantalons curts

ክዳን ታዕሊም
....
xandall

በጃ ክዳን
....
davantal

ጓንቲ
....
guants

መልጎም
botó

መነጽር
ulleres

በንናጅር
braçalet

ማዕተብ
collaret

ቀለበት
anell

ኩትሻ
orellera

ቆብዕ
casquet

መንበሪ ጁባ
penjador

ባርኔጣ
capell

ካራቫት
corbata

ዣርኔጣ
cremallera

ሀልመት
casc

መድልደል ስረ
elàstics

ድቢዛ ቤትትምህርቲ
uniforme escolar

ድቢዛ
uniforme

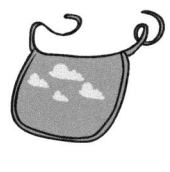

ሰደርያ ቆልዓ

pitet

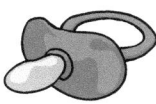

ዓባስ

xumet

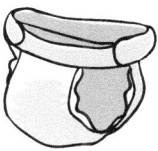

ጨርቂ ማማይ

bolquer

ቤት ጽሕፈት

oficina

ሰርቨር
servidor
ከብሒ ሰነድ
armari arxivador
ወረቐት
paper
ፕሪንተር
impressora
ሞኒቶር
monitor
ጣውላ ምጽሓፍ
escriptori
ኣንጭዋ
ratolí
ሓቛፊ
arxivador
ኪቦርድ
teclat
ጎሓፍ ወረቐት
paperera
ኮምፒተር
ordinador
መንበር
cadira

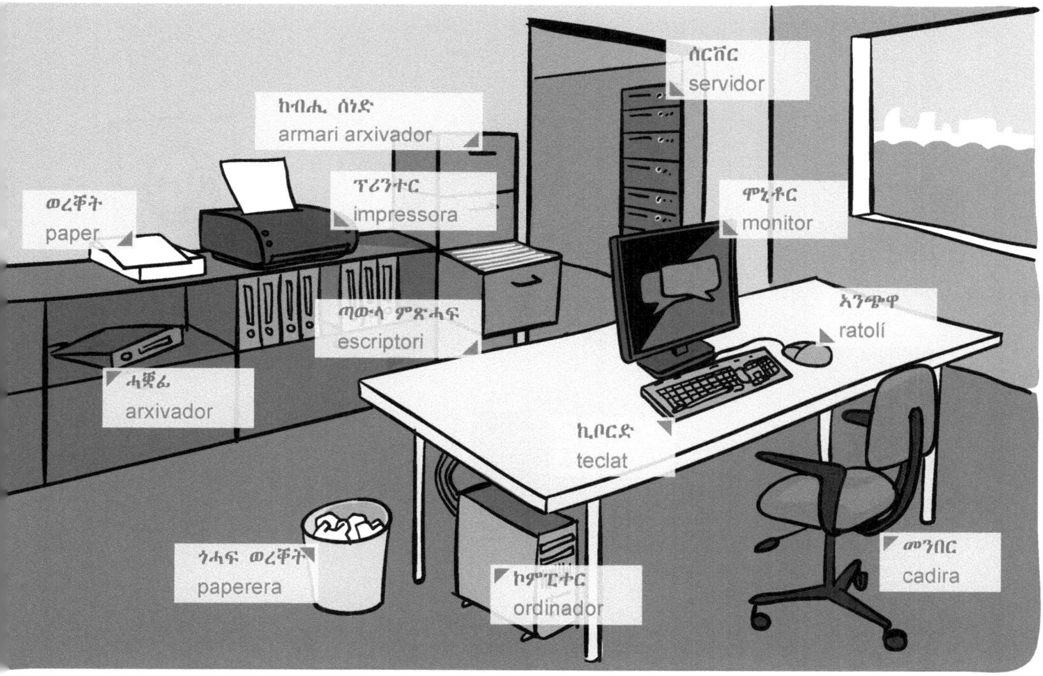

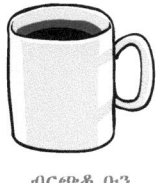

ብርጭቆ ቡን

tassa de cafè

ካልኩለተር

calculadora

ኢንተርነት

Internet

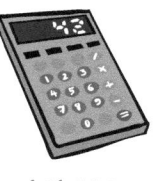

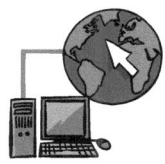

ለፒቶፕ

ordinador portàtil

ደብዳበ

lletra

መልእኽቲ

missatge

ሞባይል

mòbil

ነትወርክ/መርበብ

xarxa

መቅድሒ ፎቶኮፒ

fotocopiadora

ሶፍትዌር

programari

ተለፎን

telèfon

ሶከት ኳረንቲ

presa de corrent

ፋክስ

fax

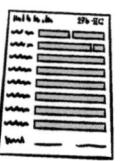

ፎርም

formulari

ሰነድ

document

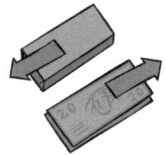

ገዛእ

comprar

ከፈለ

pagar

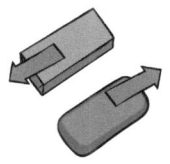

ንግዲ

comerciar

ገንዘብ

diners

ዶላር

dòlar

ኦይሮ

euro

የን

ien

ሩብል

ruble

ስዊዝ ፍራንክን

franc suís

ረንሚንቢ ዮዋን

renminbi

ሩፒየ

rupia

መውጽኢ ማሺን ገንዘብ

caixa automàtica

በታ ቅያር ገንዘብ
....
oficina de canvi

ወርቂ
....
or

ብሩር
....
argent

ዘይቲ
....
petroli

ሓይሊ
....
energia

ዋጋ
....
preu

ውዕል
....
contracte

ቀረጽ
....
impost

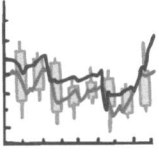

እኩብ ጥሪ-ነገራት
....
acció

ሰርሐ
....
treballar

ሰራሕተኛ
....
treballador

አስራሒ
....
empresari

ትካል
....
fàbrica

ዱኳን
....
botiga

ሞያታት

oficis

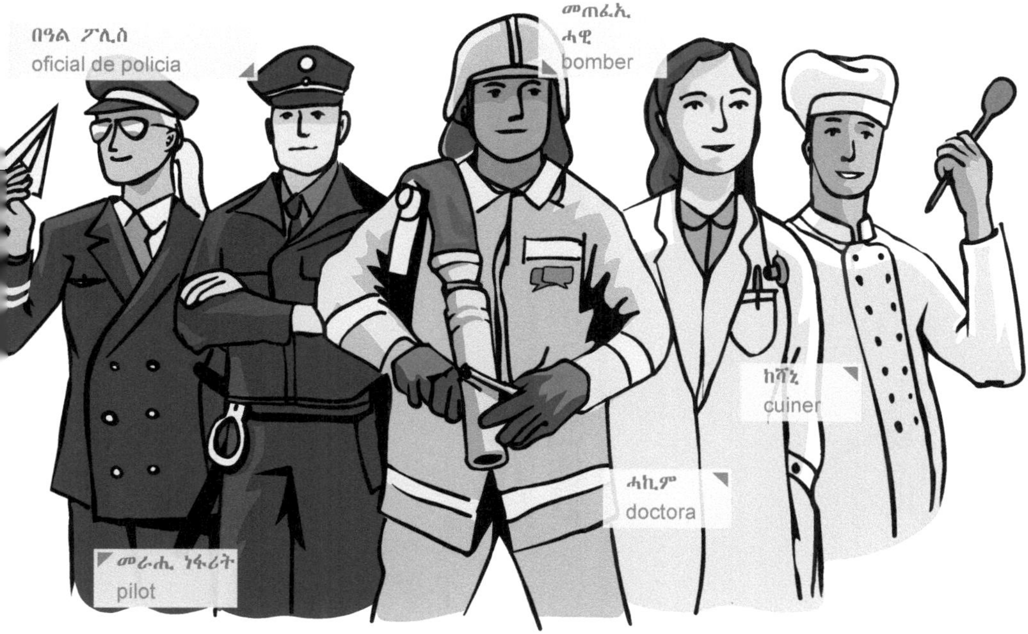

መጠፈኢ ሓዊ
bomber
በዓል ፖሊስ
oficial de policia
ከሻኒ
cuiner
ሓኪም
doctora
መራሒ ነፋሪት
pilot

ሰራሕተኛ ጀርዲን

jardiner

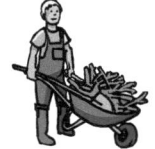

ጸራቢ ዕንጸይቲ

fuster

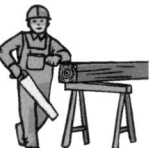

ሰፋይት

costurera

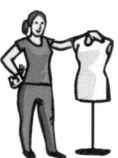

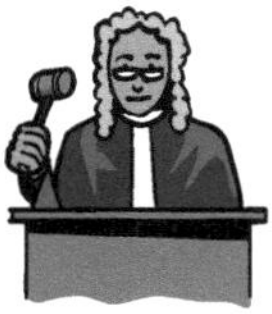

ፈራዳይ

jutge

ቀማሚ

química

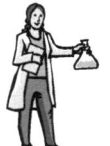

ተዋሳኢ

actor

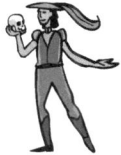

መራሒ አዉቶቡስ

conductor d'autobús

አዉቲስታ ታክሲ

taxista

ገፋሪ ዓሳ

pescador

ጸራጊት

dona de la neteja

ሃናጻይ ናሕሲ

ensostrador

አሰላፊ

cambrer

ሃዳናይ

caçador

ሰአላይ

pintor

እንዳ ሕብስቲ

forner

ኤለትሪከኛ

electricista

ሃናጺ አባይቲ

obrer de la construcció

ሃንዳሲ

enginyer

ሰራሕተኛ እንዳ ስጋ

carnisser

ድራብሊኮ

llanterner

አማላላሲ ፖስጣ

correu

ወተሃደር

soldat

መሃንድስ

arquitecte

ተሓዝ ገንዘብ

caixera

ሰራሕተኛ ዕምባባ

florista

ቀም ቃማይ

perruquer

ፈተሪኖ

revisor

መካኒክ

mecànic

መራሒ መርከብ

capità

ሓኪም ስኒ

dentista

ተመራማሪ

científic

ራቢ

rabí

ኢማም

imam

ፈላሲ

monjo

ቀሺ

capellà

ናውቲ

eines

ሞደሻ
martell
ጉጤት
tenalles
ዘዋር መስኒ
descaragolador
ሳምፓዲና
llanterna
መፋትሕ
clau anglesa

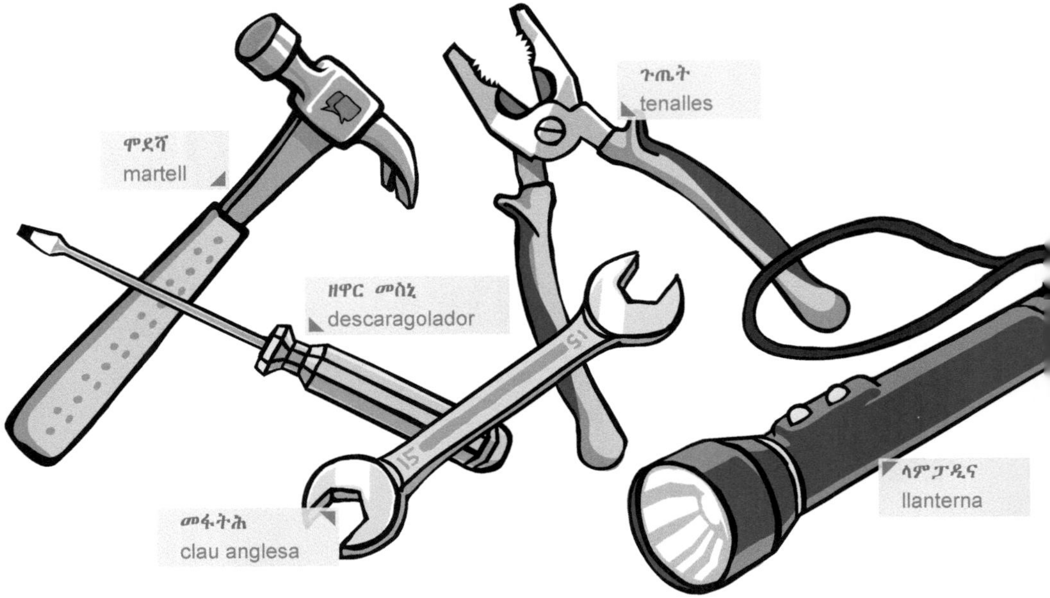

ፈሓሪ

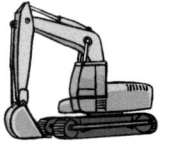

excavadora

ናውቲ ቦክስ

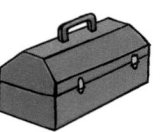

caixa d'eines

መደያይቦ

escala

መጋዝ

serra

መስማር

claus

ኲዓቲ

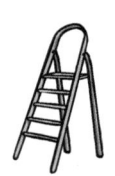

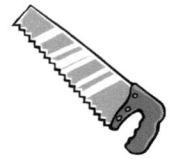

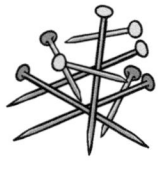

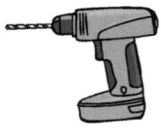

trepant

ም**ዕ**ራይ

reparar

ባደላ

pala

አይ!

Maleït siga!

መትሓዚ ዶሮና

pala

ድስቲ ቀለም

pot de pintura

ካቻቢተ

caragols

መሳርሒ ሙዚቃ

instrument de música

እስፒከር
altaveu

ከበሮታት
bateria

ረጉድ ዓባይ
ጊታር
contrabaix

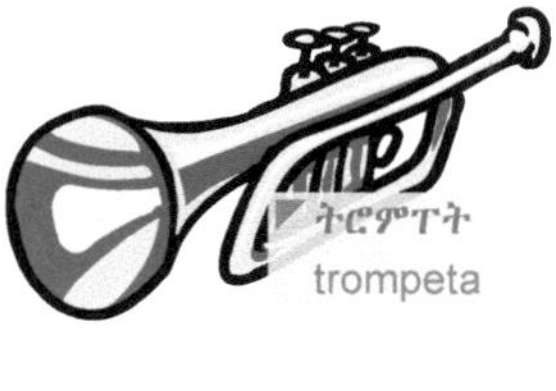

ትሮምፐት
trompeta

ጊታር
guitarra

ፒያኖ

piano

ቪዮሊን

violí

ባስ ጊታር

baix

ቲምንኢ

timbal

ከቦሮ

tambor

ኦርጋን

teclat

ሳክሶፎን

saxofon

ሻምብቆ

flauta

ሚክሮፎን

micròfon

ነብሪ
tigre

መእተዊ
entrada

ነብያ
gàbia

አድጊ በረኻ
zebra

መግቢ እንስሳ
aliment per a animals

ፓንዳ
ós panda

እንስሳታት
animals

ሓርማዝ
elefant

ካንጋሩ
cangurú

ሓሪሽ
rinoceront

ጉሪላ
goril·la

ድቢ
ós

ገመል

camell

ሰገን

estruç

አንበሳ

lleó

ህበይ

simi

ፍላሚንጎ

flamenc

ሕንጻይ

papagai

ድቢ በረድ

ós polar

ፐንጉን

pingüí

ክልቢ ዓሳ

ca mari

ጣውስ

paó

ተመን

serp

ሓርገጽ

cocodril

ሓላዊ ቤት ገርድሽ

guardià del zoo

ዓሳ ዚምገብ እንስሳ ባሕሪ

foca

ጃንር

jaguar

ሓጹር ፈረስ
poni

ነብሪ
lleopard

ጉማሪ
hipopòtam

ጂራፍ
girafa

ሊላ
àliga

መፍለስ
senglar

ዓሳ
peix

ኤብየ
tortuga

ዋልሩስ
morsa

ወኻርያ
guineu

ሰስሓ
gasela

ናይ አሜሪካ ኩዕሶ እግሪ
futbol americà

ምዝዋር ብሽግለታ
ciclisme

ተኒስ
tenis

ባስኬትባል
bàsquet

ምሕምባስ
natació

ቦክሲንግ
boxa

ሆኪ በረድ
hoquei sobre gel

ኩዕሶ እግሪ

futbol americà

ባድሚንቶን

bàdminton

እስፖርታዊ ንጥፈታት

atletisme

ኩዕሶ ኢድ

handbol

ስኪ

esquí

ፖሎ

polo

ሰሓቕ riure

ነጠረ saltar

ሓቖፈ abraçar

ዝሬሬ cantar

ከደ anar

ጸለየ pregar

ሰዓመ fer un petó

ሓለመ somiar

ጸሓፈ
escriure

ሰኣለ
dibuixar

ኣርኣየ
mostrar

ደፍአ
pitjar

ሃበ
donar

ወሰደ
prendre

አለወ

tenir

ገበረ

fer

ኮነ

ésser

ጠጠው በለ

estar dret

ጎየየ

córrer

ሰሓበ

estirar

ሰንደወ

llançar

ወደቐ

caure

ሓሰወ

jeure

ተጸበየ

esperar

ሰከም

portar

ኮፍ በለ

asseure's

ተኸድነ

vestir-se

ደቀሰ

dormir

ተስአ

despertar-se

ረአየ
....
mirar

በኸየ
....
plorar

ብአጻብዑ ደረዘ
....
amoixar

መሽጠ
....
pentinar

ተዛረበ
....
parlar

ተረድአ
....
comprendre

ሓተተ
....
demanar

ሰምዐ
....
escoltar

ሰተየ
....
beure

በልዐ
....
menjar

አቐመጠ
....
endreçar

አፍቀረ
....
estimar

ከሸነ
....
cuinar

ዘወረ
....
conduir

ነፈረ
....
volar

ብመርከብ ገየሽ

navegar

ደመረ

calcular

አንበበ

llegir

ተመሃረ

aprendre

ሰርሐ

treballar

መርዓወ

casar-se

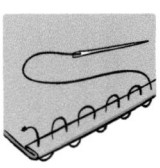

ሰፈየ

cosir

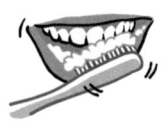

ጽሬት አስናን

raspallar-se les dents

ቀተለ

matar

ሽጋራ ተከሸ

fumar

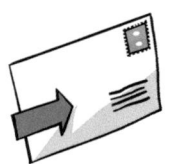

ሰደደ

enviar

ዓባየ
àvia

አቦሓጎ
avi

አቦ
pare

አደ
mare

ማማይ
nadó

ጓል
filla

ወዲ
fill

ጋሻ
....
convidat

ሓትኖ
....
tia

አኮ
....
oncle

ሓው
....
germà

ሓፍቲ
....
germana

ኣካላት

cos

ግንባር
front
ዓይኒ
ull
መንኩብ
espatlla
ኣጻብዕ
dit
ገጽ
cara
መንከስ
barbeta
ኢድ
mà
ሽፋን እግሪ
cama
ኣፍ-ልቢ
pit
ምናት
braç

ማማይ
....
nadó

ሰብኣይ
....
home

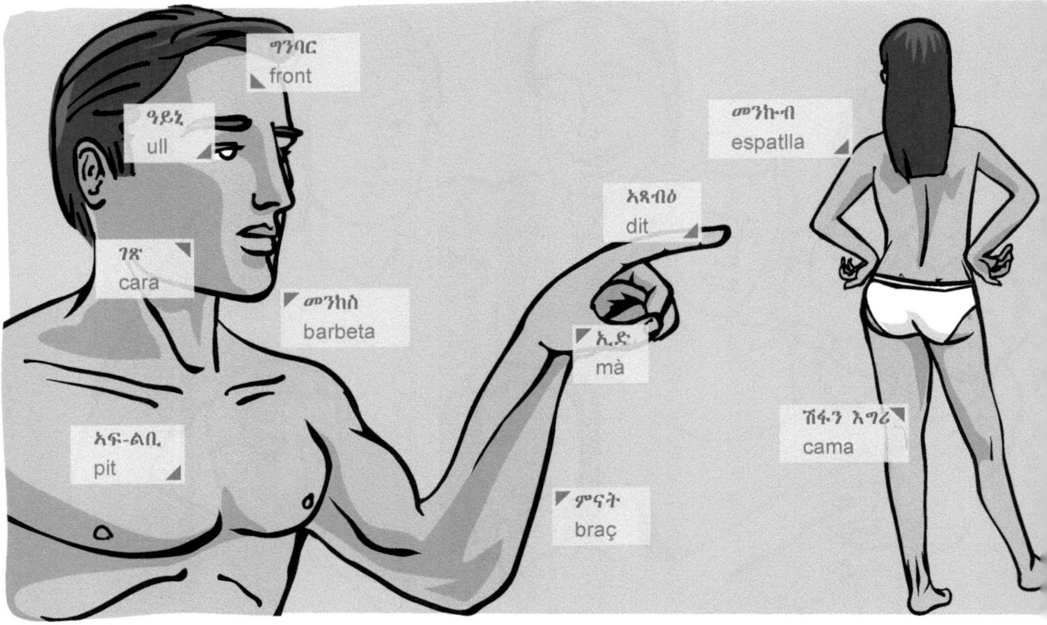

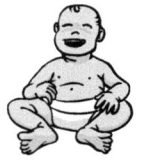

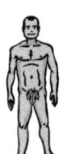

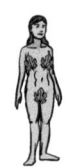

ሰበይቲ
....
dona

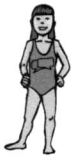

ጓል
....
noia

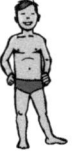

ወዲ
....
noi

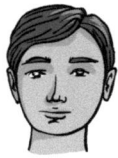

ርእሲ
....
cap

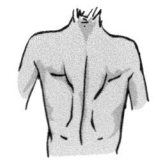

ሕቖ

esquena

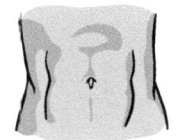

ከስዐ

panxa

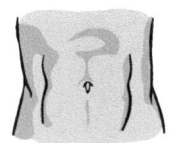

ሕምብርቲ

melic

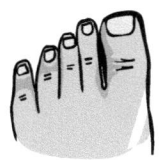

ኣጻብዕ እግሪ

dit gros del peu

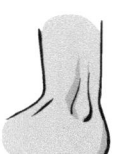

ኩርኵረ

taló

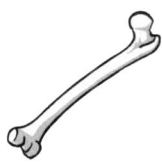

ዓጽሚ

os

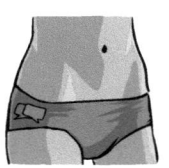

ምሕኩልቲ

maluc

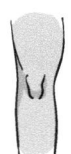

ብርኪ

genoll

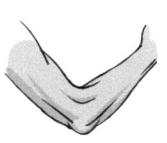

ፍግፍጐ

colze

ኣፍንጫ

nas

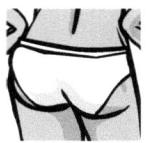

መዓኮር

cul

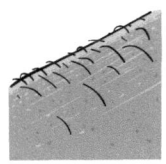

ቆርበት

pell

ምዕጉርቲ

galta

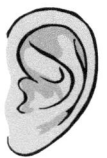

እዝኒ

orella

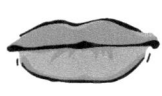

ከንፈር

llavi

አፍ

boca

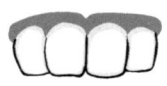

ስኒ

dent

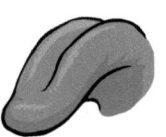

መልሓስ

llengua

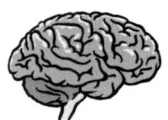

ሓንጎል

cervell

ልቢ

cor

ጭዋዳ

múscul

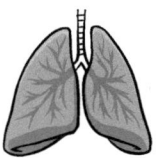

ሳንቡእ

pulmó

ጸላም ከብዲ

fetge

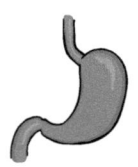

ከብዲ

estómac

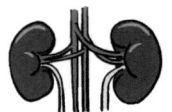

ኮሊት

ronyó

ግብረ ስጋ

relació sexual

ኮንዶም

preservatiu

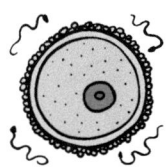

እንቋቝሓ

ovari

ዘርኢ ተባዕታይ

semen

ጥንሲ

prenyat

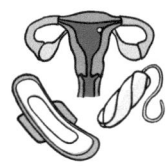

ጽግያት

menstruació

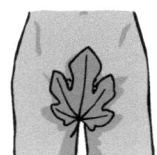

ርሕሚ

vagina

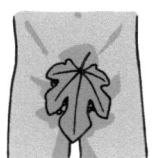

መትሎ

penis

ሸፋሸፍቲ

cella

ጸግሪ

cabells

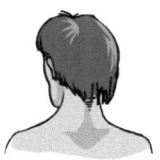

ክሳድ

coll

ሆስፒታል
hospital

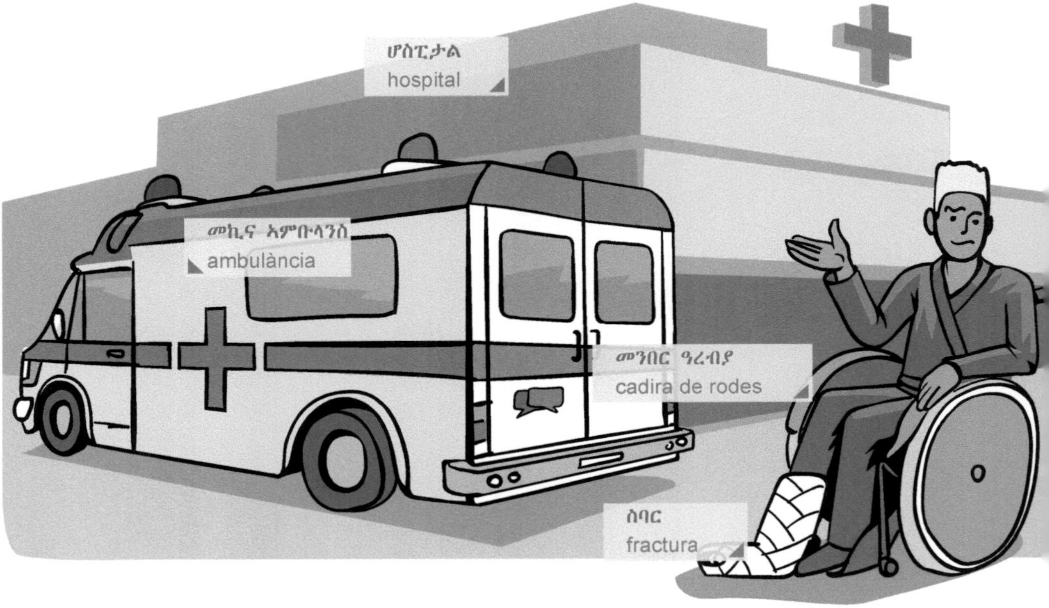

መኪና አምቡላንስ
ambulància

መንበር ዓረብያ
cadira de rodes

ስባር
fractura

ሓኪም

doctora

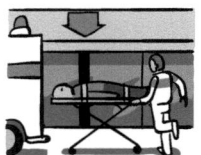

ክፍሊ ህጹጽ ረድኤት

sala d'urgències

ኣላይት

infermera

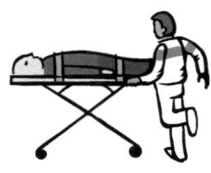

ህጹጽ ኩነት

urgència

ውነኡ ዘጥፍአ

inconscient

ቃንዛ

dolor

ጉድኣት

ferida

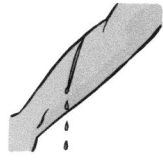

ደም

sagnament

ማህረምቲ

atac de cor

ማህረምቲ

apoplexia

ኣለርጇ

al·lèrgia

ሰዓል

tos

ረስኒ

febre

ኡንፍልወንዛ

gripa

ውጽኣት

diarrea

ቃንዛ ርእሲ

mal de cap

መንሽሮ

càncer

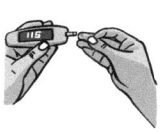

ሹኮርያ

diabetis

ሓኪም መጥባሕቲ

cirurgià

መጥብሒ

escalpel

መጥባሕቲ

operació

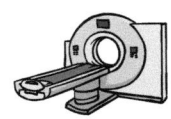

CT

tomografia computada (TC), TAC

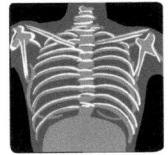

ራጂ

raigs x

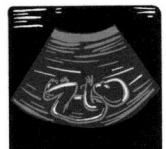

ልዕለ ድምጸዊ

ultrasò

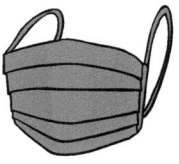

መሸፈኒ ገጽ

mascareta

ሕማም

malaltia

ክፍሊ ምጽባይ

sala d'espera

ምርኩስ

crossa

መጅነኒ ቌስሊ

tireta

መጅነኒ

embenat

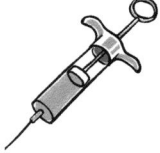

መርፍዕ ምውጋእ

injecció

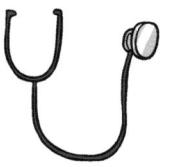

ስተቶስኮፕ

estetoscopi

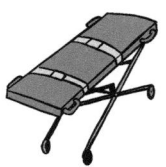

መሰከሚ ሕማም

llitera

ቴርሞመተር

termòmetre clínic

ትውልዲ

pariment

ልዕለ-ሚዛን

sobrepès

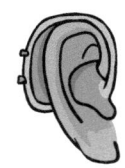

ሓገዝ ምስማዕ

aparell auditiu

ኣንጻሒ

desinfectant

ልበዳ

infecció

ቫይረስ

virus

ኤድስ

VIH / SIDA

ሕክምና

medicina

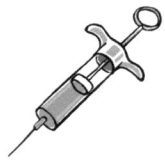

ክታብ

vaccí

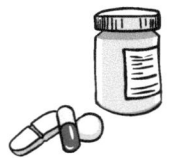

ኪኒና

comprimits

ኪኒና

píl·lola

ህጹጽ ምድዋል

trucada d'urgència

መዕቀኒ ጸቕጢ ደም

tensiòmetre

ሕሙም / ጥዑይ

malalt / sà

ሓገዝ

Socors!

አላርም

alarma

ምህጃም

assalt

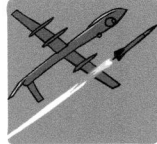

መጥቃዕቲ

atac

ድንገት

perill

ህጹጽ መውጽኢ

sortida-eixida d'urgència

ሓዊ!

Foc!

መጥፍኢ ሓዊ

extintor

ሓደጋ

accident

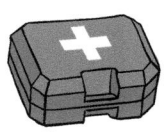

ሳንጣ ቀዳማይ ረድኤት

farmaciola de primers
auxilis

SOS

SOS

ፖሊስ

policia

ኤውሮጳ
....
Europa

ሰሜን አመሪካ
....
Amèrica del Nord

ደቡብ አመሪካ
....
Amèrica del Sud

አፍሪቃ
....
Àfrica

ኤስያ
....
Àsia

አውስትራልያ
....
Austràlia

አትላንቲክ
....
Atlàntic

ፓሲፊክ
....
Pacífic

ህንዳዊ ዉቅያኖስ
....
Oceà Índic

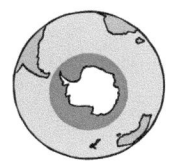

አንታርቲካዊ ዉቅያኖስ
....
Oceà Antàrtic

አርክቲካዊ ዉቅያኖስ
....
Oceà Àrtic

ሰሜናዊ ዋልታ
....
pol nord

ደቡባዊ ዋልታ
....
pol sud

አንታርቲካ
....
Antàrtida

ምድሪ
....
terra

መሬት
....
país

ባሕሪ
....
mar

ደሴት
....
illa

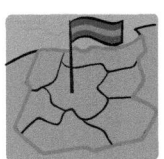

ሃገር
....
nació

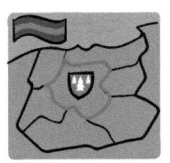

ዓዲ
....
estat

ገጽ ሰዓት

quadrant

አመልካቲ ሰዓታት

agulla de les hores

አመልካቲ ደቃይቕ

agulla dels minuts

አመልካቲ ካልኢት

agulla dels segons

ሰዓት ክንደይ አሎ?

Quina hora és?

መዓልቲ

dia

ግዜ

temps

ሕጂ

ara

ዲጊታል ሰዓት

rellotge digital

ደቒቕ

minut

ሰዓት

hora

setmana

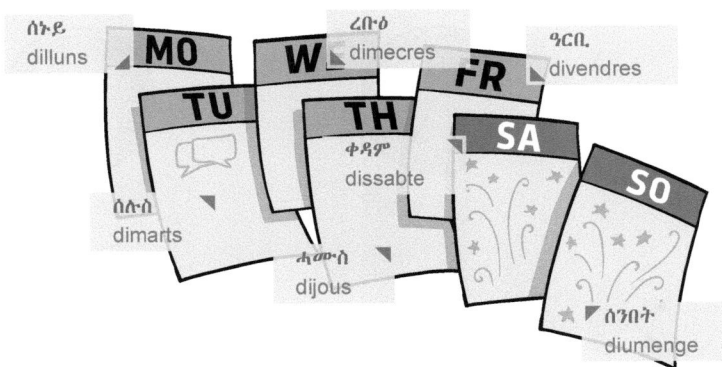

ሰኑይ dilluns
ረቡዕ dimecres
ዓርቢ divendres
ሰሉስ dimarts
ቀዳም dissabte
ሓሙስ dijous
ሰንበት diumenge

ትማሊ
ahir

ሎሚ
avui

ጽባሕ
demà

ንጎሆ
matí

ቀትሪ
migdia

ምሸት
tarda

MO	TU	WE	TH	FR	SA	SU
1	2	3	4	5	6	7
8	9	10	11	12	13	14
15	16	17	18	19	20	21
22	22	24	25	26	27	28
29	30	31	1	2	3	4

መዓልታት ስራሕ
dia feiner

MO	TU	WE	TH	FR	SA	SU
1	2	3	4	5	6	7
8	9	10	11	12	13	14
15	16	17	18	19	20	21
22	23	24	25	26	27	28
29	30	31	1	2	3	4

መወዳእታ ሰሙን
cap de setmana

ዝናብ
pluja

ቀስተ-ደመና
arc de Sant Martí

ንፋስ
vent

በረድ
neu

ጽድያ
primavera

ሓጋይ
estiu

ቀውዒ
tardor

ክረምቲ
hivern

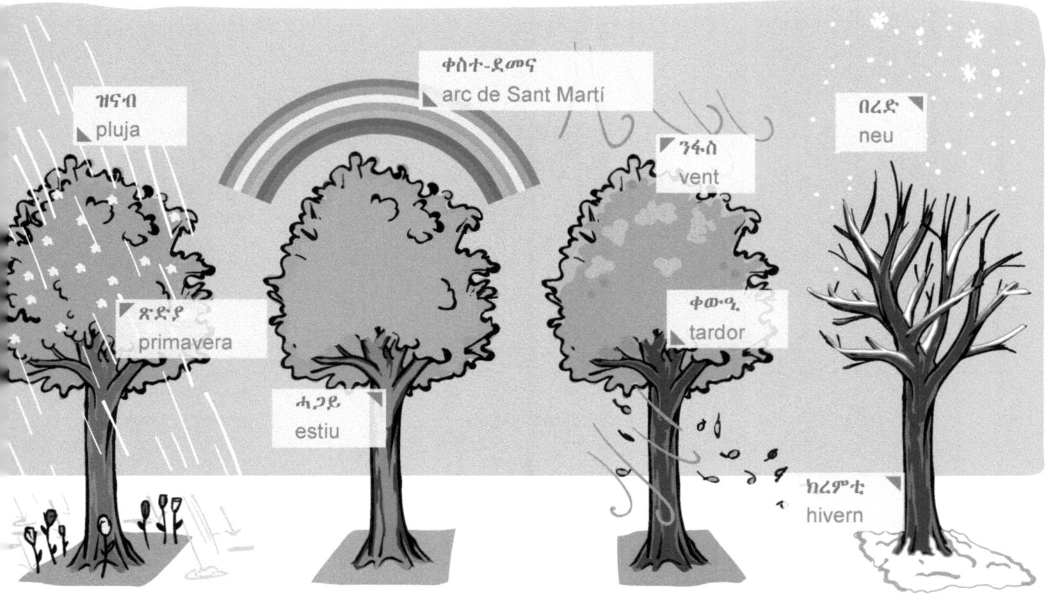

ትንቢት ኩነታት ኣየር

pronòstic del temps

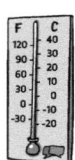

ቴርሞመተር

termòmetre

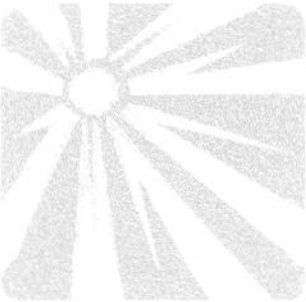

ብርሃን ጸሓይ

llum del sol

ደበና

núvol

ግመ

boira

ጠሊ

humiditat de l'aire

ብርቂ

llamp

ነጉዳ

tro

ህቦብላ

tempesta

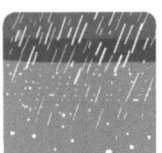

በረድ

calamarsa

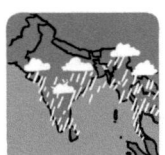

ብርቱዕ ህቦብላ

monsó

ውሕጅ

inundació

በረድ

gel

ጥሪ

gener

ለካቲት

febrer

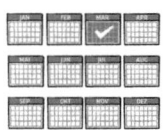

መጋቢት

març

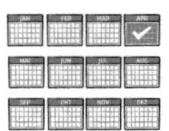

ሚያዝያ

abril

ጉንበት

maig

ሰነ

juny

ሓምለ

juliol

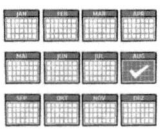

ነሓሰ

agost

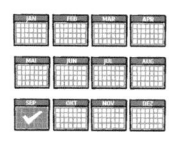

መስከረም
....
setembre

ጥቅምቲ
....
octubre

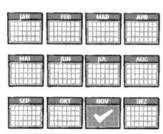

ሕዳር
....
novembre

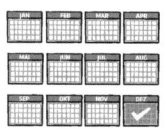

ታሕሳስ
....
desembre

ዙርያ
....
cercle

ትርብዒት
....
quadrat

ቅኑዕ ርቡዕ ኵርናዕ
....
rectangle

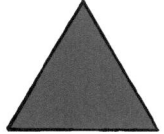

ስሉስ ኵርናዕ
....
triangle

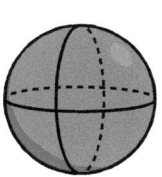

ክቢ
....
esfera

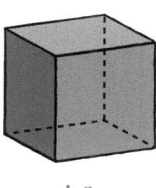

ኩቦ
....
cub

ጻዕዳ
....
blanc

ብጫ
....
groc

ኣራንሺ
....
taronja

ፒንክ
....
rosa

ቀይሕ
....
vermell

ጁኽ
....
lila

ሰማያዊ
....
blau

ቀጠልያ
....
verd

ቡናዊ
....
marró

ሓሙኽሽታይ
....
gris

ጸሊም
....
negre

ብዙሕ / ውሑድ

molt / poc

ሕሩቕ / ሰላማዊ

emprenyat / tranquil

ጽቡቕ / ክፉእ

bonic / lleig

መጀመርያ / መወዳእታ

començament / fi

ዓቢ / ንእሽቶ

gran / petit

ብሩህ / ጸልማት

clar / fosc

ሓው / ሓፍት

germà / germana

ጽሩይ / ርሳሕ

net / brut

ምሉእ / ዘይምሉእ

complet / incomplet

መዓልቲ / ለይቲ

dia / nit

ሙዉት / ህልው

mort / viu

ሰፊሕ / ጸቢብ

ample / estret

ደስ ዘበል / ደስ ዘይብል
·················
comestible / immenjable

እኩይ / ህያዋይ
·················
dolent / amable

ርቡጽ / ስልኩይ
·················
entusiasmat / entediat

ረጊድ / ቀጢን
·················
gros / prim

ቀዳማይ / ናይ መወዳእታ
·················
primer / darrer

ዓርኪ / ጸላኢ
·················
amic / enemic

ምሉእ / ባዶ
·················
ple / buit

ተሪር / ልስሉስ
·················
dur / tou

ከቢድ / ፈኵስ
·················
pesant / lleuger

ጥምየት / ጽምየት
·················
gana / set

ሕሙም / ጥዑይ
·················
malalt / sà

ዘይሕጋዊ / ሕጋዊ
·················
il·legal / legal

መስተውዓሊ / ስዲ
·················
intel·ligent / ximple

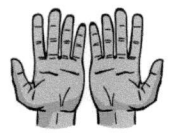

ጸጋም / የማን
·················
esquerra / dreta

ቻረባ / ርሑቕ
·················
prop / llunyà

ሓዲሽ / ብሉይ
....
nou / usat

ዋላ ሓደ / ገለ
....
res / quelcom

ዓቢ/ኣረጊት / መንእሰይ
....
vell / jove

ወልዕ / ኣጥፍእ
....
encès / apagat

ክፉት / ዕጹው
....
obert / tancat

ህዱእ / ዓው
....
silenciós / sorollós

ሃብታም / ድኻ
....
ric / pobre

ቅኑዕ / ግጉይ
....
correcte / incorrecte

ሓርፋፍ / ልሙጽ
....
aspre / suau

ጉሁይ / ሕጉስ
....
trist / content

ሓጺር / ነዊሕ
....
curt / llarg

ቀስ / ቅልጡፍ
....
lent / ràpid

ጥሉል / ንቑጽ
....
humit / sec - eixut

ምዉቕ / ዝሑል
....
calent / fred

ውግእ / ሰላም
....
guerra / pau

0

ዜሮ

zero

1

ሓደ

u

2

ክልተ

dos

3

ሰለስተ

tres

4

ኣርባዕተ

quatre

5

ሓሙሽተ

cinc

6

ሽዱሽተ

sis

7

ሸውዓተ

set

8

ሸሞንተ

vuit

9

ትሽዓተ

nou

10

ዓሰርተ

deu

11

ዓሰርተ ሓደ

onze

12

ዓሰርተ ክልተ
dotze

13

ዓሰርተ ሰለስተ
tretze

14

ዓሰርተ አርባዕተ
catorze

15

ዓሰርተ ሓሙሽተ
quinze

16

ዓሰርተ ሽዱሽተ
setze

17

ዓሰርተ ሽውዓተ
disset

18

ዓሰርተ ሸሞንተ
divuit

19

ዓሰርተ ትሽዓተ
dinou

20

ዕስራ
vint

100

ሚእቲ
cent

1.000

ሽሕ
mil

1.000.000

ሚልዮን
milió

 እንግሊዝኛ
....
anglès

አሜሪካዊ እንግሊዛዊ
....
anglès americà

ቻይናዊ ማንዳሪን
....
xinès mandarí

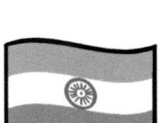

ሂንዳዊ
....
hindi

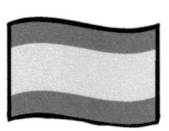

እስጳኛዊ
....
espanyol

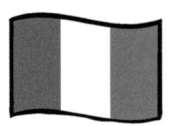

ፈረንሳዊ
....
francès

ዓረባዊ
....
àrab

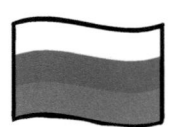

ሩሲያዊ
....
rus

ፖርቱጋላዊ
....
portuguès

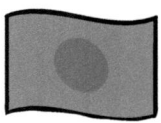

በንጋሊ
....
bengalí

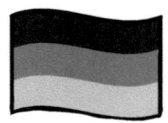

ጀርመናዊ
....
alemany

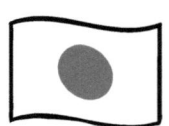

ጃፓናዊ
....
japonès

አነ

jo

ንስኻ/ኺ,

tu

ንሱ / ንሳ / ንሱ

ell / ella / allò

ንሕና

nosaltres

ንስኻ

vosaltres

ንሳቶም

ells

መን?

qui?

እንታይ?

què?

ከመይ?

com?

ኣበይ?

on?

መዓስ?

quan?

ሽም

nom

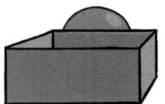

ድሕሪ

darrere

አብ

en

አብ ቅድሚ

davant de

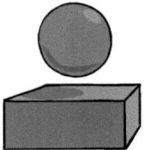

አብ ላዕሊ

damunt

አብ ልዕሊ

sobre

ትሕቲ ምድሪ

sota

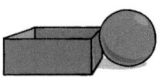

አብ ጥቓ

al costat

አብ መንጎ

entre

በታ

lloc